AF495206

DISSERTATION
SUR L'ÉTAT
DU COMMERCE
EN FRANCE,
SOUS LES ROIS DE LA PREMIERE & de la seconde Race,

Qui a remporté le Prix, au jugement de l'Académie des Sciences, Belles-Lettres & Arts d'Amiens, en l'année 1752.

Par Monsieur l'Abbé CARLIER.

A AMIENS,
Chez la Veuve GODART Imprimeur du Roi, de Mgr le Duc de Chaulnes & de l'Académie.

Et se vend à PARIS,
Chez { GANEAU, rue Saint Severin. CHAUBERT, Quai des Augustins. LAMBERT, rue de la Comédie Françoise.

M. DCC. LIII.
AVEC PRIVILEGE DU ROI.

DISSERTATION QUI A REMPORTÉ *LE PRIX*, AU JUGEMENT DE L'ACADEMIE D'AMIENS, EN L'ANNÉE M. DCC. LII.

Sur la question,

Quel a été l'état du Commerce en France, sous les Rois de la première & de la seconde Race?

IL n'est point de Nation policée dont le Commerce n'ait réuni les suffrages en sa faveur. Les avantages qu'il procure sont si visibles & si multipliés, qu'il seroit inutile de produire ici une longue suite de témoignages pour relever le mérite d'une profession qu'on peut regarder comme l'ame des arts, & comme le fondement le plus solide de la société civile.

Dès les temps les plus reculés, les Gaules en avoient senti les effets ; & c'est une opinion aussi injuste, que mal fondée, de croire que les anciens Gaulois ne s'en occupoient pas, & que les Romains, ausquels ils furent soumis environ l'espace de cinq siecles, en faisoient peu de cas.

Diod Sicul. Bib lib. 5. ed. 1604. Avant que la Ville d'Aléxandrie fût fondée, & lors même que Tyr & Cartage se soutenoient dans ce haut degré de gloire & de puissance, où le Commerce & la Navigation les avoient élevées, la Gaule en connoissoit déja tout le prix. [a] Celui qu'elle entretenoit avec les habitans des Isles Cassitérides & Britanniques, produisoit de gros profits aux Négocians Gaulois qui al-

Id, p. 302.

[a] On peut voir dans le tome 16 des Mémoires de l'Académie des Belles-Lettres, page 153, un Mémoire aussi curieux que sçavant, *sur les Révolutions du Commerce des Isles Britanniques, depuis son commencement jusqu'à Jules César.*

loient faire le Commerce de ces Isles. Il consistoit en plomb, en étain, en pelleteries, en esclaves, en chiens de chasse & de combat : en échange de quoi les naturels du Pays recevoient de la vaisselle de terre, & diverses marchandises, d'un prix bien inférieur à celles qu'ils livroient. Vannes, Capitale de l'Armorique, servoit d'entrepôt aux Marchands Gaulois. C'étoit dans son Port qu'ils déchargeoient d'abord ce qu'ils apportoient de ces Isles, pour le transporter ensuite, soit par eau, soit par terre, jusqu'à Narbonne & à Marseille, où ils livroient aux Marchands de la Grèce & de l'Asie, les choses qu'ils n'avoient pû débiter dans l'intérieur de la Gaule.

Strab. Geog. l. 4. p. 200. ed. 1620.

Strab. p. 194.

Caes. de Bell. Gall. l. 4. c. 21.

Diodor. p. 314.

Strab. l. 3. p. 147. & 189.

Dans des temps postérieurs, & un peu avant la conquête des Gaules par Jules César, les Négocians Romains faisoient de fréquens voyages dans la partie Méridionale de cette vaste contrée. Ils y apportoient entr'autres choses, des vins d'Italie, dont la vente leur produisoit de gros gains, parce qu'ils les mettoient à un si haut prix, que les seules per-

Cicero pro Quinctio c. 12.

Diod. p. 304. 305.

Athenæus de Gallis l. 4. cap. 13. sonnes opulentes pouvoient en acheter : aussi en usoit-on avec ménage, en y mêlant de l'eau.

A mesure que le Commerce des Romains se répandit, le concours des Marchands Italiens en augmenta la quantité ; & le peuple montra pour cette liqueur, devenue plus commune, la même avidité qui avoit autrefois attiré les Gaulois en Italie du temps de Tarquin l'ancien. *Livius l. 5. c. 33. 34.*

Cæsar. de Bell. Gallic lib. 1. c. 1. lib. 2. c. 15. Avant César, c'étoit la coûtume parmi les Nerviens, & dans plusieurs cantons de la Belgique, d'en proscrire le transport & l'usage : ce qui fait présumer que ces peuples n'avoient pris la généreuse résolution de s'en abstenir, que parce qu'ils sentoient mieux que d'autres dans combien d'extrémités il entraîne, quand on en prend avec excès. Ils le regardoient comme une ligueur traîtresse qui ne flatte & n'enchante le goût, que pour séduire plus surement l'esprit, & asservir le corps avec plus de tyrannie.

Cæsar. ibid. A l'égard des autres parties du Commerce, ils ne se permettoient que celui des choses nécessaires à la vie, croyant que dans un ſol auſſi fertile que le leur, on devoit ſe contenter des bienfaits de la ſimple nature, ſans aller chercher dans d'autres climats, & à travers les périls de la mer, des vins délicieux, des mets exquis, ou des habillemens précieux, dont l'uſage eſt preſque toujours ſuivi de la contagion du luxe & de la corruption des mœurs.

Les Celtes & les Aquitains penſoient différemment. Bien éloignés de s'interdire tout commerce avec l'étranger, & de le bannir de chez eux, comme une profeſſion dangereuſe, ils en faiſoient un cas particulier. Ils s'aſſocioient volontiers avec les Publicains, ou Chevaliers Romains, qui venoient traſiquer à Narbonne, & dans les quartiers qui ſont aux environs du Rhône & de la Saone. Leur police, moins rigide à cet égard, admettoit ſans diſtinction, toûs les étrangers qui venoient leur faire part de leurs richeſſes. Ils ſçavoient façonner l'or & les métaux; & la nature, par un privilège qu'elle refuſoit aux Belges, leur charioit l'or en pail-

Cicer. pro Quintio c. 12. Pro Fonteio cap. 1. 4. & 36.

Diodor. p. 305.

Strab. p. 190. lettes dans les ſables du Rhône, du Doux, de la Garonne & du Gardon, ſans le leur faire chercher par le travail. Ils l'en tiroient avec ſoin, le lavoient, le fondoient, le manioient avec adreſſe, & en faiſoient divers ornemens, dont ils paroient leurs habits.

La Gaule entière ſoumiſe aux Romains, changea de face, & devint en peu de temps très-floriſſante. Strabon, qui vivoit ſous Auguſte, *Strab. l. 4. 208.* parle avec éloge des routes magnifiques dont elle étoit de ſon temps percée d'un bout à l'autre. On en voit encore aujourd'hui en pluſieurs endroits des reſtes précieux, qui répondent à la grandeur & à la dignité du nom Romain. Elles partoient ordinairement de quelque Ville conſidérable par ſon trafic & par le nombre de ſes habitans, & alloient ſe terminer à l'Océan, ou bien à quelque Port fameux, après avoir traverſé une infinité de Villes & de Bourgades. La ſeule Ville de *Ibid. p. 208.* Lyon en avoit quatre de cette ſorte. La première conduiſoit aux Cévènes, & lui ouvroit une libre communication avec l'Aquitaine & la

Saintonge. Une autre menoit droit au Rhin. Une troisième passoit par le Beauvaisis & le territoire d'Amiens, pour aboutir à l'Océan. Une quatrième enfin traversoit la Gaule Narbonnoise, & alloit jusqu'à Marseille. Il y en avoit de semblables à Paris, à Autun, à Rouen & à Boulogne, outre les Chemins par eau & les Ports construits dans les Villes situées le long des Rivières.

Hist. des gr. Chem. l. 1. & 3.

Marseille, cette Ville ancienne, fondée par les Phocéens, n'avoit encore rien perdu de son ancien éclat. La sureté de ses Rades, & de son Port appellé *Lacydon*, y attiroit de tout côté le commerce & l'abondance. C'étoit de là principalement que venoient toutes les marchandises rares & précieuses qu'on trouvoit exposées dans les marchés de Narbonne, d'Arles, de Bourdeaux & de Châlons sur Saone, dont Strabon vante la magnificence & la richesse.

Livius l. 5. c. 34.

Cicer. pro Flacco cap. 63.

Athenæus l. 13. c. 5.

Pompon. Mela Geog. lib. 2. c. 5.

Strab. p. 182 186. 191.

Sous le règne de Tibère, il y avoit à Paris une Société de Commerçans, établis sous le nom de *Nautes* [*Nautæ Parisiaci.*] L'inscription qui constate ce fait, & qui

Hist. de Paris par Félibien, t. 1.

Dissertat. sur l'Hôtel de Ville de Paris, part. 4. ch. 8.

fut trouvée en 1711, dans les fondemens du Chœur de l'Eglise Cathédrale de Paris, a donné lieu à une sçavante Dissertation, à laquelle je renvoie ceux qui seront curieux de sçavoir plus particuliérement l'état du Commerce des Gaules sous cet Empereur, & sous ceux qui lui ont succédé. On y prouve que presque tout le Commerce de ces temps éloignés se faisoit par eau : usage qui se perpétua sous les Rois de la première & de la seconde Race. De là le nom & les Jurisdictions des Prévôts des Marchands, établis en plusieurs Villes du Royaume. Les fonctions primitives de ces Magistrats, étoient de protéger le Commerce, de tenir la main à la police des Ports, & de pourvoir à ce que les routes par eau de leur District ne fussent interceptées par aucun obstacle qui pût en retarder la navigation.

Ibid.

La Gaule, ainsi coupée par tant de Canaux salutaires, jouissoit du double avantage de voir ses campagnes fertilisées, en même temps qu'elle trouvoit des facilités & des moyens de communication dans un élément qui semble au premier coup d'œil n'avoir été distribué par l'Auteur de la nature, que pour désunir les Villes, & resserrer le Commerce dans des bornes étroites, en empêchant le transport & le débit des denrées & des fruits de la terre, d'un canton dans un autre.

Ces Corps, ou Sociétés de Marchands par eau, etoient en honneur dans les Gaules, lorsque les Francs quittèrent la Germanie & les bords du Rhin, pour venir les conquérir. La plûpart des grandes Rivières avoient leurs *Nautes*; & plusieurs Compagnies semblables à celles qui navigeoient sur la Seine, travailloient avec la même ardeur à faire fleurir le Commerce sur la Saone, le Rhône, le Doux, la Durance & la Loire; de même que sur la Marne, la Vannes, l'Yonne & l'Aroux, comme le porte une inscription antique trouvée à Auxerre, & faite en l'honneur d'un certain Démétrius chargé des affaires des Villes de Sens, de Troyes, de Meaux, de Paris & d'Autun.

Gruter. 371. 8.

On appelloit *Nautes*, *Naviculaires*, *Lénunculaires*, ou *Scaphaires*, ceux qui faisoient leur princi-

Cod. Theod. l. 13. *tit.* 5.

Digist. lib. 4. tit. 9. l. 1. pale occupation du Commerce par eau. Ce n'étoient pas de simples Bateliers, comme quelques-uns ont voulu le faire croire : leur profession étoit honorable, ou du moins n'avoit rien d'humiliant. Ils comptoient parmi eux des Décurions, *Cod. Theod. ibid. Lex 5.* des Sénateurs, des Décemvirs, des Questeurs & des Chevaliers ; & les particuliers qui s'y exerçoient avec succès pendant un certain espace de temps, étoient sûrs d'être annoblis, *Ibid. Lex 16.* & de passer dans la classe des Chevaliers Romains.

Ceux qui commerçoient dans les Gaules, étoient distribués en différens Corps, indépendans les uns des autres, & seulement unis par les liens du Commerce. Chacune de ces Sociétés avoit son district, & devoit être soumise à un Patron, qui lui-même étoit *Naute*. Ainsi *Gruter. 413 4.* *Marcus-Fronton*, quoique Sevir d'Aix ; c'est-à-dire, un des six premiers Magistrats de cette Ville, prend le titre de Patron des *Nautes* de la Durance dans *Gruter*, de *Gruter. 425. 1.* même que *Julius-Severinus*, Patron & Directeur de ceux du Rhône ; *Idem. 375. 3.* & *L. Besius*, Chevalier Romain, Patron des *Nautes* de la Saone, étoit *Naute* lui-même.

Ces Corps avoient de très-beaux privilèges. Ils étoient qualifiés de Très-Brillant (*Splendidissimum Corpus Nautarum.*) Les Loix leur décernoient des prérogatives tout-à-fait capables de soutenir & d'animer ceux qui en étoient membres : Elles les déclaroient exempts de toutes charges publiques, comme tutelles, curatelles, contributions, &c. Les marchandises qu'ils faisoient voiturer étoient exemptes de plusieurs droits ; & il n'étoit plus permis de les saisir, même pour dettes, lorsqu'une fois elles étoient rendues aux marchés pour lesquels elles étoient destinées. Survenoit-il quelque différend entr'eux, ils étoient terminés par des arbitres, à peu près semblables à nos Consuls ; & à leur défaut, on se pourvoyoit pardevers les Juges ordinaires des Lieux. Ils avoient encore d'autres avantages, que je pourrois détailler ; mais comme je me suis seulement proposé de donner une idée générale de l'état des Gaules, par rapport au Commerce, avant que les François s'y fussent

Ibid. 525. 11.

Digest. lib. 50. tit. 4. lex 5.

Cod. Theod. lib. 13. tit. 5. lex 5. & 16.

établis, ce que je pourrois dire de plus seroit superflu.

ARTICLE PREMIER.

État du Commerce en France sous les Rois de la première Race.

LORSQUE les Francs commencèrent à pénétrer dans les Gaules, les peuples qui en habitoient la partie Septentrionale, n'étoient plus dans cet ancien état de férocité qui faisoit injure au Commerce. Revenus de leurs préjugés dès que César les eût soumis, l'époque de la conquête des Gaules avoit été aussi celle d'un renouvellement général, qui avoit fait succéder parmi eux la politesse à la barbarie, & l'esprit de société, à cet orgueil sauvage qui leur donnoit tant de mépris & d'aversion pour tout ce qui n'étoit point conforme à leurs usages.

Les dix-sept Départemens dont la Gaule étoit composée depuis Honorius, faisoient autant de Provinces Romaines; & tous les Gaulois, devenus Citoyens Romains par la

Loi de Caracalla, jouissoient des privilèges attachés à ce titre.

Il n'en étoit pas ainsi des Francs, peuple indomté. Leurs mœurs étoient sauvages, & leurs coûtumes assez semblables à celles des anciens Gaulois, avec qui ils avoient une commune origine. Leurs usages rédigés, formoient un corps de Loix, dont la plûpart ne sont point parvenues jusqu'à nous. Ce qui en reste sous le nom de Loi Salique, prouve invinciblement que ce Peuple n'étoit pas ennemi du Commerce, mais plûtôt qu'il en avoit à cœur l'avancement & la perfection. C'est ce que je ferois voir en rapportant les articles de cette Loi, qui y sont relatifs, si je n'étois obligé d'interrompre le récit de ce qui concerne cette Nation belliqueuse, pour le reprendre après avoir exposé quel étoit vers ce même temps l'état du Négoce dans la plûpart des Villes de la Gaule.

Laus Franc. Duches. t. 1. p. 250.

Arles tenoit parmi elles un rang distingué. Son éloignement de la Germanie, la mit pour quelque temps à l'abri des obstacles que les armes de ces Conquérans auroient

Auson. de Clar. Urb. p. 216. ed. 1730.

pû appporter à son Commerce. Ausone, qui vante la beauté de son Pont, nous apprend qu'il s'y tenoit des marchés considérables, par l'affluence de ceux qui venoient y trafiquer à certains jours ; que les marchandises qu'on y exposoit venoient par eau : & que de son temps, cette Ville passoit pour être une des plus opulentes de la Gaule.

La Ville d'Arras ne fut pas aussi heureuse. Ses richesses & sa proximité de la Mer & des Pays-Bas, y attirérent d'abord les François, sous la conduite de Clodion leur Roi ; mais ils en furent bientôt chassés par les Romains, à qui elle obéissoit. Saint Jérôme, qui fait mention de son trafic, parle avec éloge de ses manufactures d'étoffes, qui passoient avec celles de Laodicée, pour être les plus parfaites de tout l'Empire. Les draps précieux qui en sortoient, ne le cédoient en beauté & en finesse qu'à la soie & au lin.

Sidon. Ap. Carm. 5. v. 12. Duchesn t. 1. p. 117.

S. Hyerom. lib. 2. Adv. Jovinian. append. ad tom. 4. oper. nov. ed. p. 214. 748.

Idem. ad Agerunc.

D. Bouq. t. 1. p. 541.

Narbonne n'étoit pas moins florissante. Comme elle étoit plus voisine du rivage, & que depuis longtemps

Auson. p. 221.

ſongtemps elle étoit regardée comme la Capitale de tout ce beau canton qu'on nommoit par excellence la Province Romaine, les Négocians étrangers qui venoient par mer, préféroient ſon Port à ceux des autres Villes plus éloignées. Le voiſinage de la Mer leur rendant plus aiſés la garde & le tranſport des marchandiſes, ils couroient auſſi par là moins de riſques, & avoient moins de frais à faire. On y apportoit de l'Orient des marchandiſes de toutes eſpèces. On y venoit de la Sicile & de l'Afrique ; & les Commerçans de ces contrées avoient coûtume de s'aſſocier, & de joindre leurs petites eſcadres, afin d'être en état de ſe prêter dans le beſoin un mutuel ſecours, & de faire avec plus de ſureté le trajet de la Méditerranée. On y venoit auſſi d'Égypte & d'Eſpagne avec le même empreſſement.

Sidon. Apol. Carm. 23.

Auſon. ibid. Sulpit. Sev. 1. Dial. cap. 1. & 2.

Auſon. Clar. Urb. in Narb. p. 221.

On ne ſçait pas trop quelle étoit la matière de ce Commerce réciproque. Auſone, d'ailleurs ſi attentif à relever les avantages de ces Villes, n'en dit rien, non plus que Sulpice-Sévère, ou

Sidoine-Apollinaire, qui écrivoient après lui. Ils remarquent seulement en passant, que Narbonne & Trèves étoient deux Villes puissantes par leur trafic, & que les Nautes de la Moselle faisoient un Commerce considérable, tant sur ce Fleuve, que sur les petites Rivières qui viennent s'y jetter. On peut penser qu'il consistoit en bled, en vin, en huile, en sel, & autres denrées nécessaires pour subsister, & qu'on recevoit de l'étranger, par échange ou autrement, toutes les choses qui ne sont que pour le luxe, les commodités & l'agrément de la vie.

Auson. in Mosell. p. 212. 295.

Ce que le même Ausone raconte de la Ville de Bourdeaux sa patrie, & de ses environs, est plus exact; & les particularités qu'il nous a transmises à ce sujet, sont remarquables. Il s'y faisoit un grand débit de cire & de suif; & les ouvriers occupés à ces sortes de manufactures, avoient un talent singulier pour donner à leurs marchandises un degré de blancheur qui les rendoit préférables à celles qu'on façonnoit dans d'autres cantons. On y vendoit aussi de la

Auson. ep. Theon. 4 & de Insul. Medul.

poix, du papier, & une sorte de bois résineux, dont on faisoit des torches pour éclairer. Ces dernières marchandises, qui croissoient dans un autre sol, y étoient apportées par les Négocians étrangers. Le papier, par exemple, venoit de l'Égypte; & les Marchands de cette Province ne manquoient pas de charger sur leurs vaisseaux, ou du suif, ou de ces vins excellens que le même Poète vante tant, & que les environs de Bourdeaux produisoient en abondance. La Saintonge en tiroit ses provisions, ainsi que les autres quartiers situés au-delà de la Loire & de la Garonne.

Ep. Paul. 9. Aus.

Id. ep. 9. Paul.

Un siècle entier s'étoit écoulé depuis que l'Empereur Probus avoit ramené la joie dans ces cantons & dans toute la Gaule, en dérogeant aux Ordonnances du farouche Domitien, qui avoit défendu aux Gaulois de cultiver la vigne, sous couleur que cette occupation nuisoit au Commerce & à l'Agriculture. L'événement, en démentant sa sombre politique, justifia la sage conduite de Probus. L'Agriculture y gagna, par le soin qu'on prit de défricher les

Flav. Vopisc. inter. Hist. Aug. Script. p. 334. ed. 1603.

Sueton. in Domit. c. 7. Eutrop. lib. 9.

côteaux incultes, pour les planter; & le Commerce, au lieu de se ralentir, n'en fut que plus animé dans les lieux où le vin venoit en abondance.

Paulin. Eucharist. Bibl. pp. in Append. ed Paris. 1579 p. 283. C'étoit principalement à sa situation que la Ville de Bourdeaux étoit redevable des avantages sans nombre qu'elle retiroit de son Commerce. Peu distante de l'embouchure de la Garonne, les vaisseaux *Auson. de Clariss. Urb. p. 223.* les plus gros, poussés par la marée, pouvoient s'avancer assez près de *Id. ep. Theoni 5.* ses murs, parce que son Port étoit plus bas & plus spacieux qu'il n'est aujourd'hui. Ceux qui vouloient débarquer leurs charges dans d'autre temps que celui du flux, & ne pas aller jusqu'à Bourdeaux, avoient sur *Ibid.* la Dordogne le fameux Port de Condat, l'entrepôt principal du Limosin, de l'Auvergne & du Quercy. Ils trouvoient encore depuis Blaye & le Médoc, plusieurs Isles commodes, dans lesquelles on avoit pra- *Ep. 22. ad Paulin. & Paul. ad Auson.* tiqué d'autres Ports, où les Marchands se rendoient pour faire leurs emplettes, & pour vendre à leur tour à ces mêmes Négocians, ce qu'ils apportoient du fond de la

Gaule. Les marchés établis près de ces Isles leur servoient à se libérer des choses qu'ils ne vouloient pas prendre la peine de faire voiturer dans des cantons plus éloignés. Ces Isles étoient encore renommées par leurs huitres, qui avoient la réputation d'être plus excellentes que celles de Narbonne & de Marseille. Il s'en faisoit un grand débit.

Auson. ep. 7. Theoni ep. 9. ad Paulum.

L'Espagne, qui peu auparavant obéissoit aux Romains, étoit soumise aux Goths, peuple sauvage & sans loix, accoûtumé à vivre de pillage. Ils avoient pour Roi le fameux Ataulse. Ce barbare, attiré par la bonté des vins, dont on faisoit un gros commerce en Provence, y fit irruption vers le temps des vendanges, & prit Narbonne. Mais il fut bientôt contraint de se retirer, & de céder à la valeur du Comte, ou Général Constance, qui commandoit en ces lieux pour Honorius.

Oros. lib. 7. cap. 43. an. 414.

Idatii Chronicon. n. 19. ad an. 413.

Cet habile Officier ayant depuis découvert qu'il avoit abusé du Commerce que l'Espagne entretenoit avec les Gaules, pour y pénétrer, prit le parti d'interdire aux Ro-

mains de ces cantons, toute communication avec l'Espagne, & dé-
Orof. ibid. fendit de recevoir dans les Ports de la Méditerranée, les vaisseaux qui viendroient y aborder de cet Etat.

Les précautions de Constance,
Prosper. & les efforts réitérés d'Aetius, n'em-
Aquit. Chr. pêchèrent pas les Huns de pénétrer
an. 452. quelque temps après dans les Gaules, sous la conduite d'Attila,
Vit. S. Prince cruel & furieux, qui se nom-
Aniani. Du moit lui-même le fléau de Dieu, &
chesn. tom. la terreur du genre humain. Ce
1. p. 521. monstre sorti du fond de la Scythie, qui sembloit croître en cruautés à mesure que ses succès le rendoient plus redoutable, ne mit plus de bornes à ses emportemens, après qu'il eût triomphé dans les plaines de Châlons, des forces réunies que les Romains, les Bourguignons & les Francs avoient tenté d'opposer à son passage. Il ravagea par le fer & par le feu ce qui se trouva à sa rencontre, renversant les édifices, & brûlant les moissons. Ceux qui échapèrent à ses armes pendant ses courses, eurent à supporter presque aussitôt un fléau d'une autre nature.

Une grande disette se fit sentir dans tous les lieux par où il avoit passé, & en particulier dans le Languedoc, l'Auvergne & le Lyonnois, où son armée avoit fait un horrible degât. Heureusement elle n'eut pas de suites fâcheuses, par l'attention qu'on eut de faire venir des grains des lieux voisins.

Saint Patient, Évêque de Lyon, signala son zèle & sa charité en cette occasion. Il prit toutes les mesures imaginables pour soulager la misère des pauvres, tant de son Diocèse, que de l'Auvergne & du Languedoc. Il ramena le Commerce dans tous ces lieux, en envoyant des Bateaux & des Facteurs partout le long du Rhône & de la Saone, où il y avoit des greniers & des magasins, afin d'en tirer les provisions nécessaires. Ce fut ainsi, dit Sidoine-Apollinaire, que sa sollicitude, plus ingénieuse & plus féconde en ressources que l'avidité des Commerçans, réussit à procurer dans toute l'étendue de sa Métropole, des secours qu'on auroit inutilement attendus de l'industrie de ceux-ci.

Sid. Apoll. l.6. ep. epist 12.

Gregor. Tur. Hist. Franc. lib. 2. cap. 24.

Il est parlé dans Grégoire de Tours, d'un riche particulier de Bourgogne qui rendit à ses compatriotes un service tout pareil, dans les mêmes circonstances.

Vit. S. Genov. apud Bolland. 3. Jan. cap. 7. p. 146.

L'Auteur de la vie de sainte Geneviève, raconte aussi de cette Sainte, que touchée de la misère où les ravages d'Attila avoient réduit ses concitoyens, elle partit de Paris avec onze bateaux, pour aller chercher aux environs de Troyes, des grains & les denrées nécessaires pour préserver de la famine la Ville de Paris, qui en étoit menacée.

A peine étoit-on revenu de l'effroi causé par tant de sanglantes expéditions, que Clovis parut à la tête de ses François, au Nord de la Gaule, pour la conquérir toute entière. Arles, Narbonne, Marseille, & toute cette lisière située le long des Côtes de la Méditerranée, formoient un État particulier, sous le nom de Gothie ; & la Province de Bourgogne, érigée en Royaume, le bornoit à l'Orient.

Euric gouvernoit les Goths d'Espagne ; Odoacre ceux d'Italie, & Gondebaud donnoit des Loix à la

Bourgogne.

Bourgogne. Ceux qui habitoient les deux Belgiques, & toute cette étendue de Pays qui est entre ces deux Royaumes & l'Océan, harcelés continuellement par les Bourguignons & les Goths, & fatigués par les véxations de ceux que les Empereurs de Constantinople envoyoient pour lever les impôts, reconnurent sans peine l'autorité d'un vainqueur tel que Clovis, qui n'avoit ni la brutalité d'Attila, ni l'avarice des Empereurs Romains.

Le Christianisme, que Clovis embrassa dans la suite, ayant achevé d'adoucir ce qu'une éducation sauvage avoit mis de rude & de barbare dans ses mœurs, on le vit s'occuper à pacifier ses nouveaux États, & mettre par des Loix sévères, un frein à la cupidité de ses Soldats & de cette foule de Germains qu'il traînoit à sa suite. Il laissa aux Romains l'usage de leurs Loix, se contentant de faire rédiger, sous le nom de *Loi Salique*, un certain nombre de règles, dont les circonstances rendoient l'observance nécessaire.

Laus Franci Duchesn. t. 1. p. 250.

Le titre de cette Loi qui a rapport au Commerce, le suppose établi. Il a pour objet la liberté des Marchands & la sureté des Ports. Si quelqu'un, dit la Loi, est assez osé pour détacher un esquif d'un vaisseau, & qu'il s'en serve pour passer le Fleuve, qu'il paie cent vingt deniers : s'il s'en empare, & qu'il le dérobe, il payera six cens deniers : s'il le dérobe avec tous ses agrès, qu'il paie quatorze cens deniers.

Lex Salic. tit. 24. de Navib. Furatis.

La Loi des Bourguignons décernoit des peines pécuniaires assez semblables, & préscrivoit de plus, deux cens coups de bastonnade pour les Serfs qui seroient trouvés dans le dernier cas. Cette Loi défendoit aussi l'usage des monnoies de mauvais aloi, & proscrivoit nommément celles des Goths, de Valentinien III, d'Alaric & de Génève.

Lex Burgund. add. 1. tit. 7. Et add. 2. tit. 6.

La Loi des Wisigoths étoit un peu plus étendue ; & il le falloit, puisque les Villes maritimes les plus commerçantes de la Gaule, étoient renfermées dans cet État. Euric, ou Évaric, contemporain de Clovis, passe pour en être l'auteur :

Isidor. Hisp. Hist. Goth. apud Labbe M.S. tom. 1.

au moins eſt-il certain qu'on lui eſt *era. 504.*
redevable du titre qui a rapport au *p. 66.*
Commerce. Les Goths, qui avoient dépoſé une partie de leur férocité ſous Wallia, achevèrent de ſe policer ſous Euric. On peut même aſſurer avec vérité, que de tous les peuples qui ſe ſont élevés ſur les débris de l'Empire Romain, ceux-ci ont été les plus paſſionnés pour le Négoce. Leur Loi en fournit autant de preuves qu'elle contient d'articles en faveur de cette profeſſion.

Il eſt vrai que ce qu'on y lit, regarde plûtôt les Négocians étrangers, que les Marchands qui traſiquoient dans l'intérieur de la Gaule; mais il eſt aiſé de remarquer que ceux-ci n'étant pas diſtingués du reſte des Goths, ils ſe gouvernoient de même. D'ailleurs chaque Corps de Marchands ayant ſes Loix dans ſes uſages, qui varioient, ſuivant les circonſtances, ils n'avoient pas beſoin de conſtitutions fixes & permanentes. La liberté dont ils jouiſſoient leur tenoit lieu de tout, & ils étoient ſuffiſamment protégés, dès qu'on ne leur impoſoit pas la dure nécessité de partager avec autrui le fruit de leurs travaux.

Le Commerce des étrangers demandoit d'autres précautions. Leurs Coûtumes & leurs Loix étant différentes de celles des Goths, il falloit trouver des tempéramens propres à concilier les intérêts & les usages de chaque nation. C'est aussi le but qu'on s'est proposé dans le Titre troisième du onzième Livre de cette Loi. Comme les pièces originales sont d'une grande autorité pour l'Histoire, j'ai crû devoir rapporter ce Titre en entier.

Lex Wisig. lib. 11. de Transmar. negotiat.

Il contient quatre articles. Le premier porte, que s'il arrive qu'un Marchand d'outre-mer vende à un Wisigoth quelque ouvrage d'or ou d'argent, des habits précieux, ou d'autres parures de ce genre, pour un prix ordinaire, l'acheteur ne doit pas être inquiété, quand même il seroit évidemment prouvé après l'achat, que les effets vendus ont été volés : ce qui suppose que les Goths de Marseille & de Narbonne commerçoient avec les Asiatiques, & entretenoient des rapports avec les Villes les plus riches & les plus opulentes de la Grèce & de l'Orient.

Le second défend aux Juges ordinaires des Lieux de prendre connoissance des contestations qui s'éleveront parmi les Marchands étrangers, & permet à ceux-ci de se faire juger, selon leurs Loix, par ceux qui président à leurs Comptoirs.

Par le troisième, il est fait défenses à tout étranger de débaucher ou d'emmener, sous quelque prétexte que ce soit, aucun Ouvrier Wisigoth occupé dans le Commerce, sous peine de payer au Fisc une amende d'une livre d'or, & de recevoir cent coups d'étrivières.

Article IV. Que si cependant un Négociant d'outre-mer a besoin de quelque Ouvrier Wisigoth pour l'aider dans son trafic & pour régler son négoce, il pourra l'emmener avec le consentement du Maître au service de qui il est, à condition de le renvoyer dans un temps marqué, & de payer au Maître une redevance de trois sols par an.

Quelque temps après qu'Euric

eût fait rédiger ces articles, Anien Chancelier d'Alaric, abrégea, par ordre de ce Prince, le Code Théodosien. Comme il ne changea rien aux sages dispositions de l'Empereur Théodose, en faveur des Nautes, je n'ai pas crû devoir rapporter une seconde fois ce qu'on y préscrit à l'égard des Commerçans.

Alaric dominoit en Espagne depuis près de dix ans, lorsque le grand Théodoric vainquit Odoacre, & commença de régner en Italie & dans les Gaules, sur les Ostrogoths. A juger de ce Prince par le récit de ceux qui ont écrit l'histoire de son temps, c'étoit de tous les Rois ses contemporains, le plus sage, le plus accompli & le plus digne de commander. Son attention à protéger les Villes de Commerce, la crainte qu'il avoit de surcharger ses peuples d'impositions, le portoient souvent à faire des remises entières des redevances qu'il avoit coûtume de percevoir chaque année, par forme de tribut. La Ville de Marseille éprouva plus d'une fois de semblables indulgences de sa part. Elle étoit gouver-

D. Bouquet, tom. 4. p. 6. & sqq.

née, ſous ſon autorité, par un Officier de marque qui prenoit la qualité de Recteur, & commandoit dans toute la Province. *Ibid. ep. XI. an. 510.*

Il donna pluſieurs fois de pareils témoignages de bonté à la Ville d'Arles, Cité riche & puiſſante, où la politeſſe de ſes habitans attiroit les Négocians de toutes parts. Les langues grecque, latine & gauloiſe, y étoient familières parmi le peuple ; & il eſt vraiſemblable que celle des Hébreux n'y étoit pas généralement ignorée ; car les Juifs y commerçoient en grand nombre. *Ibid. ep. 10.* *Act. Ss. Ord. S. Ben. ſæc. 1. p. 662.* *Bolland. Auguſt. t. 6. p. 69.*

Elle communiquoit avec Valence par le Rhône ; avec Marſeille, & les autres Villes de la Côte, par la Méditerranée. Mais pluſieurs édifices publics y menaçoient ruine ; & ſon commerce moins animé que de coûtume, ſouffrit quelque interruption en 510. Théodoric, à qui l'on fit part de ces incidens, les regarda moins comme des contre-temps fâcheux, que comme une occaſion favorable de ſignaler ſa tendreſſe envers le peuple d'Arles. Il fit charger ſur divers vaiſſeaux qui étoient dans les Ports d'Italie, *D. Bouquet, t. 4. pag. 8.*

des vivres & des munitions de toutes espèces, avec des sommes considérables, pour subvenir aux besoins de cette Ville.

Théodoric étoit aussi admirable par les qualités de l'esprit, que par celles du cœur. Ses lettres à Gondebaud, & à quelqu'autres Souverains de son temps, décèlent un génie vaste & cultivé. Il avoit beaucoup de goût, & aimoit les sciences. Son amour pour les beaux arts le pénétroit d'estime pour les Artistes célèbres qui avoient fleuri pendant le bel âge de Rome; & il avoit dans ses États des Ouvriers en tout genre, qui s'y occupoient avantageusement pour le bien de ses Sujets : Prince habile, sage, bienfaisant, & véritablement grand, par le soin qu'il prit de civiliser ses peuples, & de les rendre heureux.

Theodor. ep. 2. & 5. Gundibad. Duchesn. t. 1. p. 837. & 839.

Le tumulte des armes de Clovis fit moins cesser que suspendre un peu le libre exercice du Commerce dans les Gaules. De son temps, & pendant que sainte Géneviève vivoit encore, il y avoit à Paris des Marchands que leur négoce obligeoit à faire de fréquens voyages en Syrie. L'Auteur anonyme de la Vie de cette Sainte, qui nous a transmis cette particularité, ne dit rien touchant la nature de leur trafic; mais il fait assez entendre qu'ils alloient y acheter des meubles & des habits précieux, lorsqu'il ajoûte qu'ils faisoient leurs emplettes à Antioche & dans le voisinage; c'est-à-dire, à Laodicée, Ville célèbre par ses manufactures, & par la beauté des draps qu'on y fabriquoit.

Vit. S. Genov. apud Bolland. c. 6. p. 140.

En 511, Clovis mourut, & laissa quatre fils, qui partagèrent entre eux la Monarchie qu'il venoit de fonder. Thierry l'aîné de tous, régna à Metz; Childebert, à Paris; Clotaire, à Soissons, & Clodomir, à Orléans. Le premier commença son règne par la réforme qu'il fit de la Loi Salique, & mit tous ses soins à extirper les vols & les rapines, que cette Loi condamne. Il eut encore à réprimer l'insolence des Danois, que l'appas du butin attira dans ses États.

Ces Pirates, excités par l'envie de piller, parurent à l'improviste sur l'Océan Germanique en 520;

Greg. Tur. lib. 3. c. 3. Gest. Franc. cap. 19.

entrèrent par l'embouchure de la Meuse, firent descente sur les Terres du Roi, & portèrent le ravage dans tout le Pays situé entre cette Rivière & le Rhin. Thierry envoya pour les repousser, Théodebert son fils, avec une flotte & une armée de terre. Ce jeune Prince, âgé seulement de dix-huit ans, défit les Danois, & sur la mer, & sur la terre, tua leur Roi, reprit leur butin, & fit un grand nombre de prisonniers.

Le jeune Théodebert joignit aux vertus guerrières, d'autres qualités éminentes qui en firent le plus ferme appui de la Monarchie Françoise. Devenu Roi d'Austrasie par la mort de Thierry, il remplit sur le Trône les espérances qu'on avoit conçûes de lui avant qu'il y parvînt. Il s'appliqua surtout à protéger les arts dans ses États, & à y soutenir le Commerce. Un fait tiré de la vie de saint Airi achevera de faire connoître quelle étoit sa façon de penser à ce sujet.

Vit. S. Agaric. c. 1. apud Hug. Flaviniac.

La mort du Roi son père venoit de mettre fin aux concussions & aux violences de Sirivald, qui, sous son autorité, avoit surchargé le peuple d'impôts. Une misère affreuse en étoit le fruit, & elle étoit beaucoup augmentée par une famine extraordinaire qui s'étoit fait sentir plus vivement qu'ailleurs dans la Ville de Verdun.

Labbe M. S. t. 1. p. 89.

Bercar. Chronicon. Spicileg. t. 2. fol. p. 235.

Desiré, qui en étoit Évêque, espérant tout de la bonté du nouveau Roi, résolut de recourir à sa clemence, & d'aller lui-même implorer son secours. Arrivé à la Cour, il exposa au Roi l'état déplorable où sa Ville étoit réduite, & le pria de lui prêter quelque somme d'argent, qu'il s'obligeoit au nom de tous les citoyens, de rendre dans un temps limité. Le Roi attendri, lui fit délivrer sept mille pièces d'or, que l'Évêque répandit dans le sein des plus pauvres familles de la Ville, selon le besoin de chacune, exigeant que la portion qui reviendroit à chaque maison, fût employée dans le Commerce. La condition acceptée, fut pour toute la Ville un coup de fortune ; & il se trouva qu'en très-peu de temps cette somme avoit assez produit pour tirer les citoyens de la mi-

Greg. Tur. l. 3. c. 34.

ſere, & pour enrichir un bon nombre de particuliers. Alors on ſe diſpoſa à remettre au Tréſor Royal le principal de cette ſomme : Mais le Roi, à qui l'on députa pour cet effet, n'en voulut point, & répondit qu'il remercioit Dieu d'avoir bien voulu tirer ſes Sujets de la miſère, & qu'il s'eſtimoit heureux d'avoir pû réuſſir à ſoulager cette portion de ſon peuple. Il fit rendre la ſomme dépoſée pour être employée dans le Commerce qui avoit déja apporté de ſi gros profits ; & l'Hiſtorien ajoûte que la Ville de Verdun devint par là très-opulente, & qu'elle s'aggrandit conſidérablement ſous ce régne.

Bolland. 26. Maii, t. 3. p. 599. Act. Ss. Ord. S. Bened. ſæc. 1. p. 218, 219.

Saint Malo vivoit alors, & gouvernoit l'Égliſe d'Aleth, Ville Maritime de la Bretagne. Aprés avoir paſſé ſa jeuneſſe ſous la diſcipline de ſaint Brandin, il accompagna ce pieux Abbé dans les voyages qu'il fit ſur mer, pour découvrir une grande Iſle ſituée au milieu de l'Océan, & qu'on croyoit peuplée de Bienheureux. Le déſir d'y mener une vie toute céleſte, porta quatre-vingt-quinze autres perſonnes à les ſuivre.

Tous s'embarquèrent sur un vaste bâtiment, & tinrent la mer pendant sept ans entiers. L'espérance de découvrir ce séjour fortuné les ayant abandonné au bout de ce terme, ils firent route vers les Orcades, & vinrent débarquer sur les Côtes de la Bretagne. Les soins & les fonctions de l'Espicopat, auquel saint Malo fut élevé dans la suite, ne lui ôtèrent pas l'envie de voyager. Il alla par mer plusieurs fois en Saintonge, & fit quelques autres voyages qui prouvent que la Marine des François étoit en bon état.

Aleth, aussi célèbre que l'est Saint-Malo de nos jours, étoit déja puissante par le nombre de ses Habitans, par l'habileté de ses Marins & par son Commerce. [a] C'étoit la Marseille du Nord. Son Havre, le plus vaste & le plus beau de la Côte, pouvoit contenir un grand nombre de vaisseaux de toute grandeur. On conserve dans les Cabinets, des médailles, ou monnoies fabriquées après le milieu de la seconde Race,

Leblanc, Traité des Monnoies, p. 60. 102.

(a) Populis & Navalibus Commerciis frequentata. *Vit. S. Maclov. ibid. n° 10.*

fur lefquelles on lit fon nom ; ce qui prouve qu'elle fe foutint pendant longtemps dans le même degré d'opulence & de célébrité.

La mort de Gondebaud & de Théodoric, qui furvint à peu près dans le même temps, fit un changement total dans les affaires des Bourguignons & des Oftrogoths. Elles allèrent toujours depuis en décadence, jufqu'à ce que les Goths fuffent entiérement chaffés de la Gaule, & que le Royaume de Bourgogne fût réuni à l'Empire des François. Ce que ceux-ci acquirent par leurs armes, leur fut abandonné dans les formes quelques années après, par Vitiges & Juftinien, qui leur firent le délaiffement de tout ce que les Oftrogoths & les Romains avoient ci-devant poffédé en deça de la Mer. Cette double ceffion leur fut un nouveau titre de propriété qui les rendit abfolument maîtres de Marfeille, & des autres Villes de la Côte qui étoient en poffeffion du Commerce de la Méditerranée.

Procop. de Bell. Gothor. lib. 1. 2. 3.

Ibid. l. 3.

Juftinien en abandonnant aux François les Villes de deça la Mer, leur transmit aussi la jouissance de plusieurs établissemens qu'ils y trouvèrent subsistans. En vertu de cet accord, la fabrique des monnoies qui étoit à Arles, passa aux François. Les successeurs de Clovis y firent frapper des sols d'or à leur coin ; & comme ces sols étoient de même poids, & au même titre que ceux des Grecs, ils eurent cours par tout l'Empire Romain. Cette explication m'a paru la plus naturelle qu'on pût donner au texte de Procope, où il est parlé des premières monnoies des François.

Procop. de Bell Gothor. lib. 3. Duchesn. t. 1. p. 238.

Justinien ne s'en tint point là par rapport au Commerce. Il renouvella dans le Digeste, les Constitutions de ses prédécesseurs en faveur des Négocians, tant étrangers que régnicoles. On trouve dans le Code une Loi somptuaire qui défend aux particuliers de porter des vétemens tout de soie, ou de drap d'or. Mais on fut bientôt dans l'agréable nécessité d'y déroger, après le retour de deux Moines Grecs, qui apportèrent des Indes à Constantinople, des milliers de vers à soie, avec des instruc-

Cod. l. 11. tit. 8. de Vest. Holoberis & Auratis.

tions sur la manière de les élever, d'en tirer le fil qu'ils produisent, & de le mettre en œuvre. Ce qu'ils avoient appris dans les Indes, ils essayèrent de le pratiquer dans la Grèce ; & leurs tentatives ayant eu tout le succès désiré, il se forma plusieurs manufactures, dont les premières & les plus fameuses, ont été celles d'Athènes, de Thèbes & de Corinthe. Ces précieuses étoffes firent dans la suite la matière principale du Commerce des Syriens & des Juifs. Ce fut par leur canal qu'elles passèrent en France, où elles étoient déja très-connues sur la fin du sixième siècle. Les fidèles en paroient les autels & les tombes des Saints, & les courtisans en portoient des habits, ou vestes de dessous, comme je le dirai ci-après.

Depuis que la Ville de Marseille étoit au pouvoir des François, les Goths avoient cessé d'être les maîtres absolus du Commerce de la Méditerranée. Elle en étoit depuis longtemps l'entrepôt principal, & cette réunion fut un coup de fortune pour la France entière, & une sorte de débouché, par où elle

Procop. ibid. l. 3.

elle communiqua fréquemment avec les contrées les plus riches de l'Orient.

Cette Ville avoit d'un côté un libre commerce avec la Grèce, la Syrie & tout l'Orient, par la Méditerranée. La même Mer lui donnoit entrée dans les vastes contrées de l'Égypte, de l'Afrique & de la Libye. Le Commerce de l'Océan, & des Côtes de France, d'Espagne & des Isles Britanniques lui étoit ouvert par le Détroit de Gibraltar ; & si elle vouloit faire le négoce intérieur de la France, elle avoit, outre la commodité de la Durance, du Rhône & de la Saone, les Voies Romaines, si propres pour le transport des marchandises. Les rapports qu'elle entretenoit avec Aléxandrie étoient continuels, & il est fort vraisemblable que les *Marchands d'outre-mer*, dont il est si souvent parlé dans nos chroniques, étoient des Négocians d'Aléxandrie. Ils apportoient à Marseille, entre autres choses, du papier, c'est-à-dire, de fines écorces de la plante appellée Papyrus. *Greg. Tur. l. 5. c. 5.*

Son Port, ou *Catapie*, ainsi nommé par les Historiens, à cause des Escadres de vaisseaux marchands qui y entroient & en sortoient habituellement, étoit le plus beau & le plus fréquenté qui fût en Europe. Les Phocéens, qui le construisirent, l'appellèrent *Lacydon.* Il porta dans la suite le nom d'*Émines*, après qu'on y eût fait quelques changemens pour le rendre plus commode & plus spacieux. Ayant été depuis endommagé par les Barbares, qui inondèrent plusieurs fois la Provence, on le rétablit dans l'état où on le voit aujourd'hui. Il fut pendant longtemps le seul de toute la Côte où l'on pût débarquer en toute sureté, tant pour les vaisseaux, que pour les marchandises qu'on y déchargeoit. Celui d'Agde, par exemple, étoit peu commode; & ceux qui montoient les vaisseaux de Chilperic en firent la triste épreuve, lorsque voulant y aborder en revenant de Constantinople, pour éviter Marseille qui appartenoit à Sigebert, ils firent naufrage dès son entrée, & perdirent presque tout leur equipage.

D. Bouq. Collect. t. 1. p. 49.

Greg. Tur. lib. 6. c. 2.

Marſeille, outre l'avantage de ſon Port, devoit auſſi ſon opulence à la police exacte qui s'obſervoit dans ſes marchés, & parmi les Négocians qui venoient y trafiquer, quelque grand qu'en fût le concours. Le moindre vol y étoit puni avec une extrême ſévérité. On alloit même juſqu'à ſévir contre ceux que leurs intelligences faiſoient ſoupçonner d'être complices ou fauteurs des délinquans. L'Archidiacre Vigile eut à eſſuyer à ce ſujet les traitemens les plus ignominieux pour avoir voulu tenter de diſculper quelques-uns de ſes gens accuſés pardevant le Recteur, d'avoir enlevé ſur le Port de Marſeille, ſoixante-dix tonnes d'huile appartenant à un Marchand d'outremer : punition auſſi rigoureuſe que précipitée, mais que la nature du vol ſemble excuſer dans un Pays dont les plants d'oliviers, & l'huile qu'on en tire, font la richeſſe principale. Cette huile paſſoit pour être la meilleure de l'Europe, & ſuperieure en fineſſe à celle qu'on recueilloit en pluſieurs cantons de l'Orient. Il y avoit auſſi dans ſon

Greg. Tur. l. 4. c. 38.

Greg. Tur. l. 5. c. 5.

voisinage de belles Salines. Le sel qu'elles produisoient pouvoit aisément parvenir jusqu'à la Loire, au moyen des voitures qui venoient de ces côtés là décharger à Marseille ce que les Marchands d'outre-mer en faisoient venir pour leur compte.

D. Bouq. t. 6. p. 556.

Je ne puis donner une plus juste idée de l'état où étoit le Commerce de Marseille après le commencement du sixième siècle, qu'en rapportant les propres paroles d'Agathias, Historien Grec qui vivoit alors, & qui ne connoissoit de François, que ceux qui venoient en Grèce par la Voie de Marseille. Les François, dit cet Auteur, ne se gouvernent pas à la manière des Barbares qui vivent dispersés dans les campagnes. Ils suivent les Loix & les usages de Rome, adorent le même Dieu, & la Religion qu'ils professent est la même que celle de l'Empire. Ils contractent & se marient conformément au Droit Romain. Doux & humains à l'égard des autres, ils sont unis entr'eux par les liens de la concorde & de la justice..... Et si l'intérêt les porte à commercer, ce n'est jamais au

Agathias, hist. p. 13. ed. Paris. 1660. Idem, l. 9 c. 20. & 62.

préjudice de l'équité. De là vient qu'ils trafiquent avec succès, gagnant beaucoup, & n'essuyant presque jamais de pertes.

Quand Agathias écrivoit ainsi des François, les haines implacables de Brunehaud & de Frédegonde n'avoient pas encore éclaté. Elles furent peu de temps après le sujet des guerres intestines qui interrompirent le Commerce à plusieurs reprises, & mirent la France à deux doigts de sa perte, par les famines qu'elles occasionnèrent, & par les calamités qui en furent les suites.

Aussitôt que Sigebert & Chilperic eurent épousé les querelles de leurs femmes, la France fut divisée en deux factions. Les excès d'ambition & de vengeance ausquels on se livra de part & d'autre, la mirent en feu. On vit, dit l'Evêque de Tours, le père armer contre le fils, le fils s'élever contre son père, le frère attaquer le frère, & la discorde rompre les nœuds sacrés par lesquels la nature unit les parens entr'eux.

Les liens du sang une fois brisés, les quatre Chefs qui gouvernoient la France furent bientôt désunis. Tout se méla ; & la Monarchie entière dans cette confusion, passa souvent de l'opulence à la misère, & de l'abondance à la plus affreuse indigence. Que faites-vous, Princes issus du grand Clovis, s'écrie l'Évêque de Tours, historien & témoin des divisions qui déchiroient la France ? Que prétendez-vous ? que cherchez-vous ? Après quel bien pouvez-vous soûpirer, que vous n'ayiez chez vous en abondance ? Vos Louvres & vos Palais regorgent de richesses qui en font des séjours de délices & de magnificence. Vous avez de l'huile & du vin dans vos celliers, du bled & des moissons dans vos greniers, des monceaux d'or & d'argent dans vos coffres : Que vous manque-t-il, que de les faire circuler en paix, après avoir ramené le calme dans vos États ? C'est le seul moyen qui vous reste de couper racine aux vols & aux brigandages qui s'y commettent, & de bannir cette cupidité dangereuse qui porte vos Sujets à convoiter & à anticiper sur les biens les uns des autres. Car-

Greg. Tur. hist. l. 5. in Prologo.

thage, cette Ville opulente, & la première du monde par son trafic, est enfin tombée après sept cens ans d'un Empire florissant. Qui l'a si longtemps maintenue en possession d'un bonheur aussi constant ? C'est la paix & l'union. Quelle a été la cause de sa chute ? Ses guerres & la désunion de ses Chefs.

Ces remontrances, dont j'ai rapproché les parties à dessein, font voir que les François du sixième siècle, n'étoient pas un peuple demi-barbare, mais une nation policée qui connoissoit tout le prix du Commerce; qu'il y avoit parmi eux des sages qui sçavoient réfléchir sur son utilité, & que les plus sensés gémissoient de voir les campagnes désolées, la communication des Provinces interceptée, & les fidèles Sujets du grand Clovis s'entretuer, & périr dans les combats pour venger les querelles particulières de ses descendans.

Les Marchands, devenus insolens à la faveur des troubles, s'érigèrent en tyrans, s'emparèrent des marchés, en bannirent l'ordre & la police, vendant au poids de l'or *Greg. Tur. l. 7. c. 45.*

les denrées qu'ils y apportoient. En 585, ils poussèrent l'avarice & l'avidité du gain aussi loin qu'il fut possible, en profitant de l'état déplorable où la famine avoit réduit la France, pour s'enrichir. La disette étoit telle, que les pauvres se vendoient pour esclaves, moyennant un peu de nourriture. On voyoit des bandes de malheureux courir dans les campagnes, & errer dans les plaines, comme des forcenés, pour y chercher de quoi appaiser la faim qui les dévoroit. Les uns couroient aux vignes pour y cueillir des raisins, à peine en grains; d'autres se jettoient dans les jardins pour y couper les sommités des arbres, dont les feuilles commençoient à pousser; d'autres pénétroient dans les forêts, arrachoient des racines de fougère, qu'ils séchoient & broyoient, & dont ils méloient la poussière avec un peu de farine, pour en faire du pain. Ceux à qui leurs forces ne permettoient pas d'aller chercher de semblables secours, se traînoient avec peine dans les prés, broutoient l'herbe à la façon des bêtes, &

Ibid.

& mouroient gonflés peu de temps après.

A ce fléau terrible, succéda la peste. Elle se fit surtout sentir à Marseille, où elle avoit été apportée d'Espagne par un vaisseau marchand, dont les balles infectées portèrent bientôt la contagion dans toute la Ville.

Greg. Tur. lib. 9. c. 22. Chron. de S. Denis, liv. 3. c. 25. Aimoin. l. 3. c. 86.

Les Goths, après avoir été chassés de France & des Côtes de Provence, avoient abordé en Espagne & en Italie, où ils continuèrent leur Commerce. Leurs mœurs, adoucies depuis Ataulfe, n'avoient plus rien de barbare. Si l'on en juge par les écrits d'Isidore, qui vivoit parmi eux sur la fin du septième siècle, les Arts & le Négoce y étoient autant en honneur que parmi les François ; & l'on n'y étoit pas moins attentif à protéger les professions qui ont pour objet le bien être & les commodités de la vie.

Isidor. Orig. l. 16 & 17.

Les deux nations, unies par la conformité de leur conduite, entretinrent des correspondances encore plus intimes & plus fréquentes, depuis que Sigebert Roi d'Auſtraſie, & Chilperic Roi de Soiſſons, réſolus chacun de ſe choiſir une épouſe, eurent fait tomber leur choix ſur les deux filles d'Athanagilde Roi des Eſpagnes.

Fortunat. Carmin. l. 6. carm. 1. 2. 5.

Gontran Roi de Bourgogne, envoyoit auſſi ſes Sujets commercer en Eſpagne, comme nous l'apprenons d'un paſſage de Gregoire de Tours, où il raconte comment Leuvielde Roi des Goths, diſſipa une eſcadre entière de vaiſſeaux Bourguignons, qui portoient leurs charges de France en Galice. Les Écoſſois venoient auſſi commercer dans les États de Gontran.

Greg. Tur. l. 8. c. 35.

Act. Ss. Ord. S. Ben. ſæc. 1. p. 24.

Pendant que toutes ces choſes ſe paſſoient, les Goths d'Italie, après une vaine réſiſtance, ſuccombèrent ſous les efforts de leurs ennemis. Les troubles dont leur défaite fut ſuivie, donnèrent le temps aux Lombards d'entrer en Italie, & de s'y établir ſous la conduite d'Alboin leur Roi, qui forma un nouvel État des débris de leur Empire. Nous aurons occaſion de parler dans la ſuite de ce peuple belliqueux, qui ſçut ſi bien ſe partager entre la gloire qui s'acquiert

Marii Chronicon. Duchesn. t. 1. p. 215.

par les armes, & les avantages qui résultent du Commerce.

Marchands Syriens en France.

On étoit plus tranquille en Orient, d'où les Syriens venoient en foule trafiquer en France. Le désir du gain les y attiroit pour la plûpart, & la bonté du climat y en retenoit un grand nombre. Du temps de Frédegonde, il y en avoit en Normandie, près de Coutance; & le Négociant Eufrone, qui apporta de Syrie les Reliques de saint Sergius, avoit un Comptoir à Bourdeaux.

Act. Ss. Ord. S. Ben. sæc. 2. p. 22.

Aimoin. l. 3. c. 67.

L'intrusion du Syrien Eusebe dans le Siège de Paris, les riches présens qu'il fit à Frédegonde pour être élevé à cette dignité, contre les règles ordinaires, font connoître que c'étoit un homme opulent, qui jouissoit d'un crédit proportionné à sa fortune, & qu'il n'étoit pas moins dominé par l'amour des richesses, que ceux de ses semblables, à qui saint Jérôme reproche d'être les plus avides des mortels. Devenu Évêque, de Marchand qu'il étoit, il se conduisit toujours depuis par des vûes d'intérêt; & uniquement occupé de l'avancement

Chroniq. de S. Denis, l. 3. c. 25.

Greg. Tur. l. 7. c. 31.

Greg. Tur. l. 10. c. 26.

S. Hyeron. ep. ad Demetriad. t. 4. part. 2. p. 788.

de ceux de sa nation qui demeuroient à Paris, il chassa tous les François qui composoient l'École de son prédécesseur, pour y placer des Syriens de naissance comme lui, & dont la plûpart avoient été compagnons de ses travaux & de son commerce.

Les Marchands Juifs, malgré les persécutions qu'ils avoient continuellement à essuyer, commerçoient en France avec succès. Ils y auroient même été les seuls maîtres de tout le Commerce, sans les marques de haine qu'ils donnoient fréquemment aux Chrétiens, soit en les persécutant lorsqu'ils en trouvoient l'occasion, soit en usant de traitemens trop rigoureux à l'égard des esclaves Chrétiens qui leur appartenoient.

Ces procédés n'étoient pas nouveaux de leur part : on les en accusoit déja plus d'un siècle auparavant ; & c'est pour cette raison que le Législateur des Goths ne leur permit le trafic des esclaves qu'avec restriction. La Loi des Ripuaires leur défend de les mutiler, ou de les priver d'aucune partie de leur corps, & d'user à leur égard

Lex Wisig. lib. 12. tit. 2. art. 13. tit. 3. art. 12. & 13.

de châtimens qui les mettent hors d'état de travailler & d'être utiles à la Patrie.

Lex Ripuarior. tit. 19. 26. 27. & seqq.

Chilperic premier, le grand Clotaire & le Roi Dagobert voyant bien qu'ils ne pourroient jamais en faire des sujets fidèles qu'après les avoir convertis à la Foi, firent tous leurs efforts pour les unir de croyance avec le reste des François. Chilperic, après bien des soins, eut enfin la consolation d'en ramener un grand nombre dans le sein de l'Eglise. Il bannit de sa Cour le Négociant Priscus, qui jusques là avoit soutenu ses semblables par son crédit, & il ne voulut point permettre qu'on rebâtît les Synagogues que le peuple avoit séditieusement renversées. Clotaire II les trouvant plus opiniâtres, décida en 615, qu'ils n'auroient aucune action contre les Chrétiens; défendit à ses Sujets d'entrer en société, ou de se lier avec eux de façon quelconque. Enfin, Dagobert les chassa tous de ses Etats, malgré les égards qu'il avoit eus jusques là pour plusieurs d'entr'eux, & en particulier pour le Négociant Salomon, dont

Greg. Tur. lib. 6. c. 17. Act. Ss. Ord. S. Ben. sec. 1. p. 24.

Edict. Clot. 2 Reg. cap. 10. Baluz. t. 1. p. 23.

Gest. Dag. Regis. c. 25.

Ibid. c. 34.

il avoit coûtume de se servir pour faire ses emplettes.

Greg. Tur. lib. 8. c. 1. Ils n'étoient pas mieux traités dans les États de Gontran. Ce Prince, dans une entrée publique qu'il fit à Orléans, paya de mépris leurs viles adulations, [a] & protesta hautement qu'il ne rétabliroit jamais leurs Synagogues.

Greg. Tur. lib. 5. c. 11. & l. 6. c. 17. Joan. Diac. in Vit. S. Greg. M. lib. 4. c. 42. 43. 44. Act. S. Ord. S. Bened. sæc. 1. p. 474. 475. Edict. Clotar. cap. 10. Le fort de leur Commerce consistoit dans le débit des marchandises qu'ils tiroient des Villes du Levant, & surtout de l'Égypte. Marseille & Narbonne leur servoient d'entrepôt. Ils y avoient des flottes à leurs ordres, & des bâtimens de toute grandeur, toujours prêts à mettre à la voile. La première de ces deux Villes leur servoit ordinairement de retraite pendant leurs disgraces, jusqu'à ce qu'ils rachetassent à prix d'argent la permission de revenir commercer dans l'intérieur de la France. Ils étoient dans une telle réputation d'opulence, qu'on les nommoit l'*Ordre des Richards*.

(a) Judæi dicebant...... omnes gentes te adorent, tibique genuflectant, atque tibi sint subditæ. *Greg. Tur. ibid.*

Quoique la Bretagne ne fût pas immédiatement soumise aux successeurs de Clovis, son gouvernement différoit peu de celui des autres Provinces de la France. La Loire étoit pour elle une source intarissable de richesses. Son embouchure lui ouvroit une entrée facile dans l'Océan, & la mettoit en possession du Commerce des Isles Britanniques, & de celui des Côtes de France, qu'elle pouvoit faire terre à terre, & sans courir les risques de la pleine mer, dans un temps où l'usage de la boussole étoit ignoré.

Act. Ss. Ord. S. Ben. sæc. 2. p. 14. art. 47.

Ceux qui, redoutant les fureurs de l'Océan, vouloient s'occuper d'un négoce plus paisible & moins périlleux, pouvoient, en remontant ce Fleuve, pénétrer dans les États de Bourgogne, & communiquer avec le reste de la France. Il y avoit encore, outre cela, plusieurs Rivières & des Ports commodes situés sur la Manche, mais dont l'utilité n'égaloit pas à beaucoup près les avantages qu'on retiroit de la Loire. Une Charte de 558, nous apprend que les particuliers qui possédoient des terres le long

Greg. Tur. lib. 10. c. 9.

Hist. S. Germain des Prez, an. 558. Pièces justif. p. 2.

des Fleuves, étoient tenus d'en abandonner la portion la plus proche de leur lit pour servir de passage aux chevaux, ou à ceux qui tiroient les bateaux pour les faire remonter. Mais rien ne prouve mieux combien on avoit à cœur l'avancement & les progrès du Commerce, que le fait suivant, rapporté par Fortunat qui vivoit au sixième siècle.

Le Pays qu'arrose la Loire, aussi beau, aussi bien cultivé, & aussi abondant par sa nature, qu'il l'est aujourd'hui, étoit devenu moins commode & moins riche. Le lit de ce Fleuve, comblé par la grève & les sables qu'il charie d'ordinaire, ne pouvoit plus porter bateau; & l'ardeur de ses Commerçans, déja ralentie, alloit s'éteindre, sans le secours de l'Évêque Félix, qui gouvernoit pour lors l'Église de Nantes. Ce qu'il fit à ce sujet est presque incroyable; & quand Fortunat n'auroit pas chanté ses travaux, ils n'en seroient pas moins dignes des plus grands éloges.

Act. Ss. Ord. S. Ben. sæc. 2. p. 372.

Fortunat. Carm. l. 3. Carm. 10.

Félix, qui souffroit de voir son

peuple privé des ressources ordinaires, & les Marchands de sa Ville, languir faute d'occupation, résolut de faire creuser au Fleuve un lit nouveau qui ne fût plus sujet aux inconvéniens qui occasionnoient la chute du Commerce par eau. Tout dépendoit de bien prendre les alignemens, & de choisir un terrein où ce Fleuve eût plus de pente, pour y construire un nouveau Canal : mais le seul endroit par où l'on pouvoit le faire passer, étoit coupé par une monticule, dont la hauteur & l'épaisseur avoient jusqu'alors effrayé les plus hardis. Cet obstacle, loin d'arrêter le Prélat dans ses projets, ne fit qu'aiguiser son zèle. Il fit tant par ses soins & par ses dépenses, que la hauteur disparut à force d'ouvriers, ausquels il fit ensuite pratiquer le Canal projetté depuis longtemps.

Je pourrois encore produire d'autres témoignages pour prouver qu'on trafiquoit sur la Meuse & la Moselle, & qu'il y avoit de fameux Négocians établis à Bourdeaux, à Orléans, & dans d'autres Villes de cette célébrité ; mais tout ce que

Greg. Tur. l. 8. c. 34.
Fortunat. l. 10. carm. 9. l. 3. c. 12.
Greg. Tur. l. 7. c. 46.

j'ai dit jusqu'ici le suppose. J'ajoûterai seulement que la plûpart des Monastères de France avoient dans leur enceinte des Atteliers & des Manufactures. Le louable usage d'occuper les Religieux à des exercices corporels, y étoit en vigueur ; & les gens de bien n'étoient pas moins satisfaits d'être les témoins de leur industrie, & de leurs travaux, qu'édifiés de leur vie exemplaire. Les ouvrages les plus pénibles, & le soin de labourer la terre étoient le partage de leurs Serfs, ou de ceux que leur humilité portoit à rechercher de semblables emplois. Les autres, ou avoient la direction de ces travaux, ou choisissoient des fonctions moins pénibles, comme de travailler à la cire, de polir les métaux, &c.

Vit. S. Germani Autis. Vit. S. Samsonis. Act. Ss. Ord. S. Ben. sæc. 1. p. 246. 635. sæc. 2. p. 130. 454. 531. 1006. 1051.

Tout ce que je viens de rapporter fait voir que malgré les inimitiés & les guerres qui divisèrent les successeurs de Clotaire premier, le Commerce ne laissa pas de percer par intervalle : ce que je vais ajoûter montrera clairement qu'il n'est aucun d'eux qui n'ait donné des marques de protection aux Négocians de ses États.

Gontran, le premier de tous par sa sagesse & sa modération, est aussi celui qui s'est plus constamment appliqué à faire régner l'abondance parmi les siens. Il étoit si zélé pour l'avancement du Commerce & la sureté de la Navigation, qu'il refusa de répondre aux Ambassadeurs du Roi d'Espagne, chargés de lui demander la paix; parce que Leuvielde, qui les envoyoit, avoit fait attaquer & disperser une flotte marchande qui portoit sa cargaison de Bourgogne en Galice. Il fit soigneusement observer la Loi des Bourguignons, qui ordonne la culture des vignes. Il mit un frein à l'avidité de ceux qui étoient préposés à la régie des péages, en réglant la manière de percevoir le tonlieu sur les marchandises qui entroient & sortoient de ses États. Ses Loix étoient si équitables, & surchargeoient si peu ses Sujets, qu'on disoit en proverbe, que ceux qui quittoient la Bourgogne pour aller vivre sur les Terres de Chilperic, abandonnoient le paradis pour aller en enfer.

Greg. Tur. l. 8. c. 35.

Lex Burg. addit. 1. tit. 16.

Præcepto Gunthram. Reg. Baluz. tom. 1. p. 9.

Edict. Clot. II. c. 9.

Greg. Tur. l. 6. c. 22.

De son temps, les vins de Dijon, d'Orléans & de Mâcon étoient fort renommés. Ceux de Cahors étoient également recherchés, & passoient pour les meilleurs, après les vins de Gaza en Palestine, dont les Syriens amenoient tous les ans en France une certaine quantité sur leurs vaisseaux. Les François de leur côté alloient aussi trafiquer chez eux, & jusques dans l'intérieur de l'Egypte, comme le prouve un passage de Gregoire de Tours, où cet Historien raconte la dévotion d'un reclus de Nice, appellé *Hospitius*, lequel s'étant fait une loi de ne vivre pendant le Carême, que des mêmes racines dont les solitaires d'Égypte se nourrissoient, en recevoit tous les ans sa provision des Négocians François, lorsqu'ils revenoient d'Égypte à Marseille.

Greg. Tur. l. 7. c. 46. lib. 3. c. 19. Ep. Pauli Virud. Episcop. inter ep. Desider. Cardurcensis. D. Bouquet, t. 4. p. 45. Greg. Tur. l. 7. c. 29. Monach. San-Gal. lib. 2. Greg. Tur. lib. 6. c. 6. Idem. lib. de Glor. Confes. c. 97

Sigebert, qui régnoit en Austrasie, imita Gontran, & assura le Commerce contre les entreprises des Receveurs & des Péagers. Bruneaud de son côté, entra aussi pour quelque chose dans un dessein aussi noble, en faisant réparer les

Edictum Clotarii II. Regis c. 9. Baluz. t. 1.

Voies Romaines qui traversoient ses États, & en particulier, ce Chemin fameux, par le moyen duquel les trois Villes d'Orléans, de Paris & de Soissons pouvoient communiquer ensemble avec une extrême facilité. Ce qui en reste porte encore le nom de cette Reine trop fameuse, & nous est connu sous le nom de *Chaussée Brunehaud.* Elle avoit avec l'Espagne des relations plus intimes que Gontran. Ce fut probablement pour se maintenir dans la jouissance d'un tel avantage, qu'elle fit don, par ses Ambassadeurs, au Roi des Goths, d'un magnifique écu d'or fin, enrichi de pierreries, avec deux grands bassins de ce métal, ornés de même. (*a*)

Greg. Tur. lib. 9. c. 28.

Childebert II, successeur de Sigebert au Royaume d'Austrasie,

Decretio Childebert II. Regis, an. 595. Art. 14. Baluz. t. 1. p. 18.

(*a*) Brunehaut fit aux Eglises un grand nombre de présens de cette nature, dont il seroit trop long de faire ici l'énumération. Elle donna entr'autres choses, à l'Eglise où reposoit le Corps de saint Germain, un calice enrichi de perles & de pierres précieuses, avec un autre vase de même forme, dont la coupe étoit de pierre d'onyx. *Voyez Dom Bouquet, t. 3, p. 448.*

donna en 595, un Réglement concernant la tenue des marchés. Il y ordonne à tout fidéle d'obſerver le ſaint jour de Dimanche, & interdit à ſes Sujets toute ſorte de trafic ce jour là, ſous peine de quinze ſols d'amende pour les Saliques, de ſept ſols & demi pour les Romains, de trois ſols pour les Serfs, leſquels, dit-il, au défaut d'argent, payeront de leur dos, en y recevant la baſtonnade.

Chilperic Roi de Soiſſons, ſurpaſſoit en magnificence les Rois de Bourgogne & d'Auſtraſie; mais il accabla ſes peuples d'impôts pour ſubvenir au luxe qu'il commença d'introduire parmi les François. Il aimoit ſurtout les ouvrages d'orféᐧ

Aimoin. l. 3. c. 19. vrerie, & fit faire des vaſes de toute eſpèce pour orner ſes Palais.
Greg. Tur. lib. 6. c. 1. & 2. Il me montra, dit l'Évêque de Tours, un grand ſervice de table maſſif d'or, du poids de cinquante livres, dont l'éclat étoit beaucoup rehauſſé par les pierres précieuſes qu'il y avoit fait enchaſſer, & il me dit qu'il ſe promettoit, ſi Dieu lui conſervoit la vie, de faire fabriquer pluſieurs autres vaſes ſem-

blables. Il donna une Ordonnance au sujet du tonlieu, dont on ne sçait pas le contenu. Edict. Clot. 2. c. 9.

Frédegonde vivoit encore quand Clotaire partagea avec Childebert la propriété de la Ville de Paris. Les ennemis qu'elle lui suscita ne l'empêchèrent pas d'y maintenir l'ordre & la police, & de pourvoir à la sureté des Commerçans qui y étoient établis. Leurs demeures étoient distribuées à peu près comme dans les Villes de l'ancienne Égypte; c'est-à-dire, qu'ils occupoient tous le même quartier. (a)

Leurs maisons formoient une espèce de chaîne qui environnoit la Place publique, située pour lors aux environs du carrefour de Bussy, en tirant vers saint André des Arcs, où l'on croit qu'étoit le fameux *Parlouer aux Bourgeois*. C'étoit là qu'on tenoit les marchés, & qu'on se rendoit pour acheter, telle emplette qu'on eût à faire. Les bou- Greg. Tur. l. 8. c. 33.

(a) Le passage de Gregoire de Tours sur lequel je fonde ce détail, est sçavamment expliqué dans le tome 15 des Mémoires de l'Académie des Belles-Lettres, page 664.

tiques parées des plus belles montres de draps étrangers, de vaisselle d'argent & d'effets précieux, offroient aux yeux des plus indifférens, un spectacle charmant. Les meubles les plus riches, les parfums & les draps les plus fins venoient de l'Asie & de la Grèce, où les Négocians de Paris alloient trafiquer. Ils alloient aussi commercer en Égypte, comme nous l'apprend le continuateur de Marius. Cet Historien rapporte que les Marchands de Paris & ceux de Venise s'étant rencontrés dans une même Ville d'Égypte, eurent différend; que la dispute s'étant échauffée, on en vint aux mains, & que plusieurs des deux partis restèrent sur la place.

Appendix ad Marii Chronicon. an. 602. Duchesn. t. 1. p. 216.

L'usage d'orner les tombes de ceux que l'Église a mis au nombre des Saints, devint plus commun vers ce même temps. Les lames d'or & d'argent, les pierreries, & les autres ornemens de ce genre qu'on y prodiguoit; enfin, les présens de toute espèce que les fidèles y apportoient à l'envie, sont des preuves de l'état d'opulence où étoit la nation. Clotaire

Vit. S. Mauri in act. Ss. Ord. S. Benedict. sæcul. 1°, p. 283. & 293. Vit. S. Elig. Sur. 1. Dec. part. 1 n. 32.

Vit. S. Radegund. lib. 2.

Clotaire fit deux Réglemens. Par le premier il déclare que les Ordonnances de Gontran, Sigebert & Chilperic, au sujet du tonlieu, seront exécutées. Le second porte que les Juifs n'auront aucune action ni recours contre les Chrétiens, & que ceux-ci ne pourront être de société avec eux pour le Commerce. *Edict. Clotar. 2. reg. an. 615. Baluz. t. 1.*

Ces détails nous conduisent insensiblement au règne de Dagobert premier, fils & héritier du grand Clotaire, sous qui la France parvint au plus haut point de splendeur. La mort de Brunehaud venoit de mettre fin aux guerres civiles ; & cette méchante femme, victime de ses propres intrigues & de ses menées, en trouva le terme dans un supplice ignominieux, qu'elle subit par ordre de Clotaire. Celui-ci, délivré d'une telle rivale, songea à dédommager ses peuples des maux qu'ils avoient endurés, en ramenant parmi eux le repos & la félicité : mais ce qu'il fit, ne fut que le prélude & l'ébauche du bonheur dont on devoit jouir sous son successeur.

Dagobert, parvenu au trône, s'appliqua à réformer les Loix & le Commerce. Il donna une nouvelle autorité aux Coûtumes des Allemands, des Ripuaires & des Bavarois, en les faisant rédiger. Celles des Bavarois ordonnoient entr'autres choses, d'observer le saint jour du Dimanche. Si quelqu'un, dit la Loi, s'écarte de ce précepte, soit en commerçant, soit en travaillant, il sera admôneté une & deux fois. Si après cela il est encore réfractaire, il recevra sur le dos cinquante coups de bâton bien appliqués. S'il récidive, on lui saisira la troisiéme partie de ses biens. S'il retombe une quatrième fois dans la méme faute, qu'il soit réduit à la condition des esclaves, pour avoir refusé de passer en liberté ce saint jour. Le Serf convaincu d'avoir prévariqué de la sorte, perdra la main.

Baluz. t. 1. p. 50.

Lex Bajuvarior. an. 630. tit. 6. art. 2.

Le quinzième titre porte en substance, que celui qui a donné des arrhes pour une chose, sera tenu de payer le prix dont il est convenu avec le vendeur. S'il manque de la retirer avant le terme prescrit,

Ibid. tit. 15. n° 10.

ſans avoir obtenu des délais de la part du vendeur, il perdra ſes avances, & payera néanmoins le prix de la choſe. On y parle auſſi du Commerce des Rivières & de la Navigation, & l'on renouvelle à ce ſujet les Réglemens qui avoient été faits précédemment.

Quand ces articles furent promulgués, il y avoit déja un an que Dagobert avoit délivré cette Charte fameuſe, en vertu de laquelle la Foire de Saint-Denis fut établie. La date en eſt mémorable, & préſente une époque intéreſſante dans l'hiſtoire du Commerce, puiſqu'elle conſtate l'origine des Foires en France.

Autbert. Miræus diplom. Belg. p. 241. ed. 1628.

Ce n'eſt pas qu'il n'y eût alors, comme dans les temps précédens, des marchés conſidérables en pluſieurs Villes; mais ils n'étoient pas annuels & périodiques, comme ſont nos Foires, pendant leſquelles les Négocians ont la liberté d'expoſer en vente leurs marchandiſes, dans un endroit déſigné, avec conceſſion de certaines immunités attachées au temps & au lieu.

On demandera peut-être pourquoi je fonde une époque si importante sur une pièce suspecte, & taxée de supposition par plusieurs ?

Je réponds, 1°. que sans prendre aucune part aux disputes qui se sont élevées au sujet de cette pièce, on peut la considérer seulement par rapport au fait, comme un écrit vénérable par son ancienneté, & dont le contenu nous expose une coûtume qui subsistoit dès le milieu du septième siècle, soit que les Moines de Saint-Denis fussent alors véritablement en possession des prérogatives qu'elle leur arroge, soit que les clauses concernant les redevances y aient été insérées depuis par ignorance ou par surprise.

2°. Les raisons qui semblent porter à rejetter la Charte de 629, comme falsifiée, militent également contre plusieurs monumens historiques, & nommément contre les Chartes de Clovis II, de Clotaire III, Childeric II, Thierry premier & de Childebert III, où celle de Dagobert est reprise ; ce qui fait qu'on ne peut prendre ce parti, sans s'embarrasser dans un labyrinthe de difficultés, d'où l'on ne se tire qu'en supposant des Ministres corrompus, & des Rois assez peu instruits pour ne pas sçavoir si Dagobert, dont Thierry n'étoit éloigné que de quarante ans, avoit réellement institué le marché en question.

3°. Il faudroit aussi nécessairement mettre de la partie l'Auteur des Gestes de Dagobert, dont le journal, ou l'histoire, a toujours été de quelque poids parmi les Sçavans. Cet Historien dit en propres termes, que Dagobert fonda un marché annuel sur le chemin de Paris à Saint-Denis ; qu'il devoit commencer le lendemain de la Fête des saints Martyrs, au mois d'Octobre, & que le Roi fit au Monastère de saint Denis le transport des droits à percevoir sur les marchandises qui y seroient exposées en vente, cédant en outre aux Religieux de ce Couvent, le tonlieu de la Porte Glaucin, dont le Juif Salomon avoit la régie.

Gest. Dag. Reg. c. 34.

Ibid. c. 33.

Toutes ces suppositions conduisant à un pyrrhonisme que la saine critique n'admet point, il vaut mieux s'en tenir à la Charte, &

reconnoître que les coûtumes du temps y sont exposées avec exactitude. Elle a d'ailleurs tant de conformité avec ce que d'autres Auteurs ont rapporté du Commerce du septième siècle, qu'on ne peut s'empêcher de convenir, ou qu'elle est d'un faussaire instruit qui vivoit peu de temps après Dagobert, ou bien qu'elle a été dictée de mémoire pour tenir lieu de la Charte originale & primitive. Ainsi, quoiqu'on suppose, on peut profiter des détails qu'elle contient pour s'instruire de la nature de ces premiers établissemens, & pour connoître les motifs qui ont engagé les Souverains à proroger ces coûtumes.

Origine des Foires en France.

La France, sous Dagobert, étoit parvenue au comble de la félicité. Tout ce qui pouvoit nourrir l'éclat & la magnificence à la Cour & dans les Villes, y étoit amené des Pays les plus éloignés. Il ne manquoit au bonheur des Commerçans, que la suppression de certaines redevances onéreuses, qui les exposoient à tout moment aux vexations de ceux qui étoient chargés de les percevoir. Les droits imposés sur les marchandises étoient sans nombre, & les lieux de péages si multipliés, que le plus chétif Hameau avoit sa Douane & son Receveur.

A peine les voitures étoient-elles arrivées au lieu de leur destination, qu'elles étoient assaillies par une nuée de Maltotiers, dont chacun, le tarif à la main, tiroit partie des marchandises, avant même qu'elles fussent déchargées. Je serois trop long si je voulois nombrer tous ceux qu'ils exigeoient des voitures qui venoient, ou par terre, ou par eau. Un bateau, par exemple, lorsqu'il entroit dans le Port d'une Ville marchande, devoit payer, 1°. *Tant*, pour le droit d'Entrée. 2°. Pour le droit de *Salut* (*Salutaticum.*) 3°. S'il y avoit un pont, comme il arrivoit presque toujours, il falloit encore payer le droit appellé *Pontaticum*. 4°. Après quoi venoit un autre appellé *Ripaticum*, qu'on payoit pour approcher du bord. 5°. Si le bateau séjournoit, il devoit le droit d'Ancrage, appellé *Portulaticum*. 6°. Il falloit aussi acheter la permission de décharger, en payant un sixième droit. 7°. Un ſeptième appellé *Ceſpitaticum*, étoit dû pour la place où l'on poſoit les marchandiſes débarquées : après quoi les Négocians avoient encore à s'acquiter de cinq ou ſix autres dettes ſemblables, avant que de pouvoir expoſer en vente les choſes qu'ils apportoient. Ceux qu'on exigeoit des voitures de terre étoient à proportion.

On peut juger par là quel devoit être le prix des marchandiſes, ſurtout de celles qui venoient à Paris, ou de Provence, ou des autres extrémités de la France. Des trajets auſſi coûteux effrayoient les Marchands étrangers, qui ſouvent couroient riſque de ne pas retirer les frais préliminaires à la vente de leurs marchandiſes.

Ces abus, & une infinité d'autres ſuites également funeſtes, menaçoient le Commerce d'une chute inévitable, lorſque Dagobert prit la réſolution d'y remédier par l'établiſſement des Foires. Celle qui fait l'objet de la Charte devoit ſe tenir ſur le chemin de Paris à Saint-Denis. Les prérogatives, ou franchiſes, dont les Marchands, tant

tant François qu'étrangers, y jouissoient, se réduisent à ce qui suit.

1°. Les Marchands devoient s'assembler dans un lieu marqué, dont l'étendue étoit déterminée, & qu'on nommoit par cette raison *Forum indictum*, ou simplement *Indictum*; & en vieux langage, le Champ du *Landit*, ou de l'*Indict*; parce que hors de cette enceinte, on ne pouvoit prétendre aux franchises qui y étoient comme [a] attachées. 2°. Les Négocians qui y conduisoient leurs marchandises pour en trafiquer, étoient exempts de quatorze droits anciens, que la Charte réduisoit aux redevances suivantes. Pour une charge de miel, deux sols : autant pour une charge de

(a) M. Savary, dans son Dictionnaire du Commerce, au mot *Landy*, ne me paroît pas avoir bien saisi le sens de cette phrase : *Nullus Negotiator in pro pago Parisiaco audeat Negotiare nisi in illo mercado*; cela signifie simplement qu'il n'étoit permis à aucun Marchand Forain d'étaler ou exposer ses marchandises ailleurs que dans le lieu prescrit par la Charte, ce qui n'empêchoit pas que le Commerce n'eût lieu dans Paris pendant tout le temps de la Foire.

garance. Les voitures qui venoient par eau de Rouen, de Vicques, de Saxe & de Hongrie, devoient chacune douze deniers, avec deux autres droits anciens ; le tout au profit de l'Église de saint Denis. De cette sorte les Marchands étoient à l'abri des véxations des Comtes & de leurs subalternes ; & les Ports, avec les lieux où se tenoient ces Foires, étoient pour eux des aziles.

Le grand nombre d'avantages qui résultoient de ces franchises pour les Marchands, ne pouvoit manquer de ranimer leur ardeur, & d'attirer à Saint-Denis, & dans tous les Lieux où se tenoient ces Foires, une grande affluence de Négocians de toute espèce & toute nation.

Aussi y venoit-on en foule. Les Saxons, par exemple, y apportoient toutes sortes de richesses, remplissoient le marché de fer, de plomb & d'étain, qu'ils amenoient d'Angleterre. Les Juifs y conduisoient des Serfs, exposoient en vente leurs bijouteries, leurs parfums, leurs jouailleries, & toutes sortes de petits ouvrages d'or & d'argent.

Les Marchands de Rouen & de Vicques, ceux de la Neustrie & de l'Armorique y apportoient du miel & de la garance ; ceux de Lombardie, d'Espagne & de Provence, de l'huile, & les marchandises précieuses qui leur venoient d'Égypte, de Syrie & d'Afrique ; ceux d'Orléans, de Bourdeaux & de Dijon y exposoient leurs vins les plus excellens, de la cire, du suif, de la poix ; & les Marchands Esclavons, des métaux provenans des mines du Nord.

Ceux-ci, par leurs richesses, tenoient le premier rang entre les Commerçans François ; & il y en avoit tels parmi eux, dont le train ne différoit pas de celui des plus grands Seigneurs. On en a un exemple frappant dans le fameux Samon Négociant Vinide, qui autant par ses libéralités, que par ses intrigues, se fit élire Roi d'Esclavonie, au préjudice de Dagobert son Souverain légitime.

Fredegar. Chronic. c. 68.
Surius, t. I. part. 2. p. 51.

Ce récit doit rendre croyable ce que les Historiens racontent de la magnificence des François sous le règne de Dagobert. Je n'entreprendrai pas de tranfcrire les détails dans lefquels ils entrent fur cet article ; je ferois fans fin. Je produirai feulement quelques textes pour faire voir jufqu'où l'éclat & la fplendeur dans les habillemens & dans les meubles étoient portés.

Vit. S. Piatonis. 1. Oct. Vit. S. Radegund. c. 9. 13. Vit. S. Eligii Aut. S. Audoeno. Surius 1. Dec. part. 1.

On travailloit les métaux avec une adreffe & une dextérité dont on n'avoit pas eu d'exemple depuis que les Romains avoient ceffé de dominer dans les Gaules. Les plus communs redevenoient précieux après avoir paffé par les mains des ouvriers ; & l'on fçavoit façonner avec tant d'art l'or & l'argent, que le prix du travail l'emportoit fouvent fur celui de ces matières précieufes.

Duchefn. t. 1. p. 630.

Le plomb dont on couvroit les toits des Édifices publics, des Églifes & des Palais, n'y étoit pas fimplement appliqué. Les lames qui couvroient la charpente étoient découpées, & pofées avec un goût & une fimétrie qui faifoient à la vûe un effet charmant.

L'or & l'argent étoient prodigués dans les ameublemens, fous mille formes différentes. Les deux sièges d'or massif que Clotaire fit travailler & enrichir de perles par S. Éloy, le trône entier de ce métal que Dagobert fit exécuter par le même Saint, les vases de toute grandeur, les morceaux d'orfévrerie de tout genre, dont on paroit les Temples & les Palais, &c. seroient des choses incroyables, si nous ne sçavions que de nos jours il règne un luxe semblable dans plusieurs Cours d'Asie.

Audoen. ibid. n. 5.

(*a*) L'Inde, aussi riche qu'aujourd'hui, avoit alors ses mines & ses trésors. Les Grecs & les Syriens, qui en faisoient le commerce, apportoient de ces contrées de l'or, de la soie & des pierreries. Ceux chez qui l'amour du gain étoit une passion, comme les Syriens, venoient en trafiquer en France, & joignoient, pour ainsi dire, par un même trajet, des climats si opposés. Les Grecs,

Greg. Tur. lib. 1. de glor. Mart. cap. 32.

(*a*) Il y avoit, au rapport de Gregoire de Tours, des Foires considérables établies dans plusieurs Villes de l'Inde; & il est a croire que c'est de chez eux que cet usage a passé en France sous le règne de Dagobert.

rendus dans le sein de leurs familles, attendoient que les Marchands Juifs & François vinssent les dédommager de leurs peines & de leurs frais, en achetant les effets précieux qu'ils avoient apportés de l'Orient.

Audoenus. Ibid. n. 32. Les métaux transportés en lingots, étoient employés en France avec une extrême délicatesse. Les termes manquent pour exprimer toutes les formes qu'on donnoit à ces précieuses matières, tant le travail en étoit varié. Ici l'industrie de l'Artiste paroissoit dans un vase; là elle éclatoit dans des lames ingénieusement ciselées, ou relevées en bosse, qu'on appliquoit, ou sur le marbre, ou sur des lambris d'un bois étranger. L'imagination la plus vive auroit plus de peine à se figurer la diversité des morceaux qui sortoient continuellement des mains des Ouvriers, que ces ingénieux Artistes n'en avoient à les concevoir & à les exécuter.

La Vie de saint Éloy, écrite par saint Ouen, est parsemée de traits semblables. L'énumération qu'on y fait de ses travaux, est une preuve de la perfection de son art, & suppose qu'il n'étoit pas le seul qui exerçât avec distinction la profession d'Orfèvre & de Jouaillier dans les États de Clotaire & de Dagobert. Il excelloit également dans l'art de convertir l'or & l'argent en espèces, & remplit avec honneur la charge de Maître de la Monnoie, dont il fut pourvû par Dagobert. Il avoit aussi inspection sur l'or que le Roi tiroit des tributs, & rien n'entroit dans les coffres, qu'il n'eût été auparavant visité, fondu & affiné par ses ordres. Son mérite, soutenu de la plus éminente sainteté, après l'avoir produit à la Cour de Clotaire, lui fit obtenir une place distinguée parmi les courtisans de Dagobert. Celui-ci le chargea de négociations importantes, & l'éleva aux premiers emplois. Alors, dit l'Auteur de sa Vie, plus par bienséance que par choix, il se couvrit d'habits magnifiques pour se conformer à l'usage, & pour ne pas se distinguer, par une singularité trop marquée, de ceux avec qui il étoit obligé de vivre. Ses vétemens de dessous

Ibid. part. 1. n. 3.

Le Blanc, p. 50.

Fragment. de reb. 'ta Gest. Dag. 1. Duchesn. t. 1. p. 629.

Audoenus, part. 1. n. 13

étoient de fin lin, ornés de broderie & de clinquans, ayant leurs extrémités relevées en or, d'un travail exquis. Ses robes de dessus étoient de grand prix : elles étoient faites de riches étoffes, & il en avoit plusieurs qui étoient toutes de soie (*holoserica.*) Les ornemens en étoient si multipliés, que l'habit entier n'étoit qu'un tissu d'or & de pierreries, qui jettoient au loin un vif éclat. Les manches couvertes d'or & de diamans, étoient magnifiquement ouvragées, & se terminoient vers la main, par de riches bras-
Ibid. n. 10. selets d'or, rehaussés de pierreries. Sa ceinture étoit pareille : l'or dont elle étoit couverte remplissoit avec tant d'art les distances & les intervalles de pierres précieuses, qu'elles y paroissoient sans confusion. La bourse, ou poche, qui en pendoit, selon l'usage du temps, avoit aussi ses ouvertures ornées de la sorte.

Cette esquisse de la vie d'un Saint, écrite par un autre Saint témoin oculaire de ce qu'il raconte, doit suffire pour lever les doutes qu'on pourroit former au sujet des merveilles de ce genre, qu'on trouve rapportées dans les histoires du septième siècle.

Pendant que tout le monde nageoit, pour ainsi dire, dans l'abondance & les délices, & vivoit heureux par l'affluence de tant de biens, la misère & l'indigence étoient excessives parmi les Serfs. Ceux qui étoient soumis aux Juifs, gémissoient sous un joug aussi dur pour eux, qu'il étoit humiliant pour l'humanité. Les Souverains qui gouvernèrent la France après Clovis, autant par compassion que par politique, avoient eu soin de mettre de temps en temps un frein au despotisme barbare que ceux-ci exerçoient sur les Esclaves Chrétiens, jusqu'à ce qu'enfin le trafic leur en fût interdit. Brunehaud, qui ne régloit pas toujours ses démarches par l'intérêt seul de son État, se relâcha beaucoup à cet égard; & le grand saint Gregoire lui en fit des reproches, en qualité de père commun de tous les Fidèles. On ne sçait si les remontrances d'un si saint Pape ont fait impression sur l'esprit de cette femme ambitieuse, qui n'eut pas honte de faire épouser au

Trafic des Serfs.

Act. Ss. Ord. S. Ben. sæc. 1. p. 474. 475.

Ep. S. Greg. ad Brunechild. Duchesn. t. 1. p. 902.

Roi d'Austrasie son petit-fils, une
Aimoin. l. 3. c. 98. jeune Esclave nommée Belechilde,
qu'elle avoit achetée dans cette vûe
à des Marchands. Quoiqu'il en soit,
Dagobert répara tout, en renouvellant les Ordonnances que ses prédécesseurs avoient faites à ce sujet.

Les Serfs en France étoient de deux sortes, François, ou étrangers. Ceux-ci, ou avoient été pris
Vit. S. Radegund. c. 1. & 2. in Act. S. Ord. Ben. sæc. 1. en guerre, ou bien venoient pour la plûpart d'Angleterre, & des Pays du Nord, où les Juifs & les autres Marchands les alloient chercher. Les Serfs François, ou l'étoient d'extraction, ou avoient changé de condition, après être nés libres. On devenoit Serf de plusieurs manières. 1°. De plein gré, en se vendant à une personne libre, pour une somme convenue. 2°. Pour
Marculf. form. 28. l. 2. cause de dettes : Il y avoit des cas où un créancier pouvoit contraindre son débiteur à devenir son Serf faute de payement. 3°. Pour crimes : lorsque quelqu'un avoit causé de grands dommages, & qu'il étoit hors d'état de les réparer, la personne lézée étoit en droit de se l'assujétir.

Il y avoit pour tout cela des conditions & des formalités à observer. Les voici telles qu'on les trouve dans la Loi des Bavarois, dans celles des Ripuaires, & parmi les formules de Marculfe.

La vente des Serfs doit se faire par écrit, & en présence de témoins. 1°. Le vendeur, avant que de livrer l'Esclave à l'acheteur, sera tenu d'affirmer qu'il n'est point de condition libre ; qu'il n'est ni larron, ni fugitif, ni débauché, mais sain de corps & d'esprit, & qu'il n'appartient à aucun autre. 2°. S'il arrive qu'un homme né libre, s'ennuyant de vivre dans la misère, prenne le parti de se vendre à quelque personne aisée, les contractans conviendront d'un prix ; ensuite celui qui est sur le point de renoncer à sa liberté, attestera qu'il est libre de condition ; que c'est de son plein gré, & sans y être aucunement forcé, qu'il se réduit en servitude. L'homme devenu Serf après cet aveu, touchoit le prix de sa liberté, & perdoit le droit de trafiquer en son nom, ne pouvant plus le faire qu'avec le consentement &

Marculf. l. 2. form. 22.

Marculf. l. 2. form. 28.

Formul. Sirmond. form. 10.

des pouvoirs de son nouveau maître.

L'acheteur qui acquéroit par ce contrat, n'avoit pas pour cela un domaine arbitraire sur celui qui lui étoit assujéti : il ne pouvoit, sans contrevenir à la Loi des Ripuaires, mutiler ou maltraiter son Esclave, jusqu'à le mettre hors d'état de travailler.

Lex Ripuar tit. 19. 26. 27. 28.

Lex. Bajuv. tit. 15. art. 5

La Loi des Bavarois mettoit des bornes à l'avidité de ceux qui s'occupoient à ce commerce, en décidant que si quelqu'un vend pour Esclave un homme libre, le fait étant prouvé, le vendeur sera tenu de remettre la personne libre en possession de tous ses droits, biens & prérogatives, & de lui rendre sa liberté : il lui payera en sus quarante sols par forme de restitution, & rendra à l'acheteur le double du prix qu'il en aura reçû.

Ces Réglemens supposent des excès d'avarice & de brutalité, qu'on trouve confirmés dans l'Histoire de sainte Bathilde. On y lit que les Marchands qui passoient en Angleterre pour y acheter des Esclaves Saxons, employoient souvent des voies illicites, & même la violen-

Act. Ss. Ord. S. Ben. sæc. 2. p. 778. Boll. 26. Jan. Vit. S. Bathild. n. 1.

ce, pour en acquérir, ne faisant pas scrupule de prendre de force les personnes qu'ils trouvoient occasion d'enlever, pour ensuite les venir vendre en France. De là ces trahisons & ces traits de perfidie, dont on trouve des exemples dans Gregoire de Tours, & ausquels ces malheureux étoient presque forcés, autant par les mauvais traitemens qu'ils recevoient de leurs maîtres, que par le dépit de se voir contraints de passer subitement de la liberté à l'esclavage. Aussi regardoit-on alors comme une action méritoire devant Dieu, de racheter des Serfs, pour les remettre en liberté. C'étoit un genre d'aumône, par lequel les personnes pieuses signaloient leur charité. Sainte Bathilde & saint Amand en rachetèrent un grand nombre; & saint Ouën assure que saint Éloy en remit en liberté jusqu'à cent pour un jour.

L. 7. c. 46.

Act. Ss. Ord. S. Ben. sæc. 2. p. 780. n. 9.

Vit. S. Amand. Surius. 6. Feb.

Vit. S. Elig. part. 1. n. 10.

En 638, Dagobert mourut à la fleur de l'âge, après avoir fourni une courte carrière, mais des plus brillantes. Outre les Réglemens & l'établissement dont j'ai parlé, il remit en vigueur l'ufage du change & du réchange, autorifé par la Loi des Bavarois ; pourvut à la fureté & à l'élargiffement des chemins, à la police des marchés & des foires, & parvint à faire de fa Cour un féjour enchanté, par l'abondance qu'il eut le fecret d'y faire régner.

Ses fucceffeurs, moins habiles & moins intelligens, furent auffi bien intentionnés que lui pour le Commerce ; & c'eft fans fondement que quelques-uns ont fuppofé que la mort de Dagobert avoit auffi entraîné la chute de cette profeffion parmi les François. Il étoit établi fur des fondemens trop folides pour dégénérer fi fubitement.

Peut-être fut-il moins animé fous le miniftère des Maires du Palais, dont l'ambition démefurée abforba enfin la Puiffance Royale, après l'avoir éclipfée pendant longtemps : Mais les monumens qui nous reftent de cet âge, ne font point mention que leur autorité fût de nature à être funefte aux Commerçans. L'on n'a là-deffus que des argumens négatifs fondés fur le filence des

Historiens, ce qui ne suffit pas, ce silence pouvant venir de trois causes, ou bien de ce que les écrivains du temps n'ont pas eu occasion d'insérer dans leurs ouvrages, des digressions sur le Commerce, ou de ce que leurs yeux, accoûtumés au luxe de la Cour de Dagobert, ne trouvoient plus rien d'extraordinaire dans les meubles & dans les habillemens, ou enfin de l'ignorance de ces mêmes écrivains, la plûpart n'étant pas antérieurs au neuvième siécle, lorsque l'idée sublime qu'on avoit de Dagobert & de saint Éloy, faisoit confondre & attribuer à ces deux grands personnages les choses merveilleuses qui avoient été faites après eux.

Ce qu'on suppose ici deviendra une vérité palpable & démontrée, si l'on fait attention aux preuves suivantes. On trouve dans les Vies de sainte Aldegonde & de saint Ansbert, des listes nombreuses de présens faits aux Églises. On y parle de différens ouvrages d'or & d'argent, de pierres précieuses, de voiles, ou de tapis de soie, ce qui montre que les Marchands Fran-

Vit. S. Ald. Boll. t. 2. Jan. p. 1039 col. 1.

Vit. S. Ansbert. 9. Feb. Apud Boll. t. 2. p. 353.

çois étoient encore dans l'habitude de trafiquer avec les Asiatiques, les Syriens, les Égyptiens, & avec les Grecs, dont les Manufactures étoient les seules qui fussent

Apud Boll. Mai. t. 3. p. 61. n. 42. en Europe. On lit dans la Vie de saint Modoald, que la Ville de Mayence, située sur le Rhin, étoit extrêmement puissante, par la fertilité de son territoire, & par le commerce abondant qui s'y faisoit du bled, du vin, & de toutes les denrées nécessaires à la vie; qu'elle étoit ornée de beaux édifices, peuplée d'un grand nombre d'habitans, unie par le Rhin avec les Villes & les Bourgades qui le bordoient, comme avec les autres cantons qui tirent vers le Midi de la France.

Hist. de S. Denis, ch. 25. 35. 41. 55. 68 preuves. Ibid. p. 33. Je pourrois encore produire, comme autant d'argumens péremptoires, les Chartes de Clovis II, de Clotaire III, de Childeric II & de Thierry premier, données par ces Souverains, en confirmation de celle de Dagobert, pour le maintien de la police & du bon ordre des Foires. Elles ne sont point parvenues tout entières jusqu'à nous, mais elles sont reprises dans une

une autre de même nature, émanée de Childebert II, qui régnoit au huitième siècle. Celle-ci fut délivrée à cette occasion.

Il y avoit déja plus de soixante ans que Dagobert ne régnoit plus, lorsque le Maire Grimoald & le Comte de Paris, formerent des prétentions contraires aux dispositions qu'il avoit faites en faveur de la Foire de Saint-Denis. Cette Foire, depuis quelque temps, ne se tenoit plus près le Village où elle avoit été établie. Les troubles, & d'autres incidens, avoient mis dans la nécessité de la transférer près de Paris, dans un lieu commode, situé entre saint Laurent & saint Martin. C'étoit se rapprocher des Comtes de Paris. Celui qui y résidoit pour lors étoit un homme puissant, ami du Maire Grimoald, dont le crédit étoit sans bornes. Tout fier d'un tel patron, il se mit en devoir de rentrer dans ses anciens droits, & de percevoir les impôts supprimés par la Charte de Dagobert : Mais Childebert, à qui les Moines eurent recours, se déclara en leur faveur, & leur dé-

Annal. Ord. S. Ben. t. 2. p. 30. & 31. D. Bouq. t. 4. p. 684. Mabill. Diplom. p. 488.

livra la Charte, où tout ceci eſt repris.

Ce changement, arrivé avant l'an 710, eſt une époque remarquable. Les Moines, traverſés dans la ſuite par les Comtes, prirent le parti de transférer la Foire dans ſon lieu primitif, & laiſsèrent ſubſiſter celle de Paris, ſous le nom de Foire *Saint Laurent*. Cette Charte nous apprend encore que ſous ce règne, on venoit de toute part traſiquer en France ; que les Saxons, ou Anglois, les Hongrois, ceux de Neuſtrie & de Provence, ſe rendoient en foule à la Foire de Saint-Denis. Je finis par ce trait ce que j'avois à dire touchant le Commerce de la France, ſous les Rois de la première Race.

ARTICLE SECOND.

État du Commerce en France, sous les Rois de la seconde Race.

LE titre de Roi que garda pour un temps Childeric, le dernier des Mérovingiens, ne le mit pas à l'abri du mépris de ses Sujets. Accablé qu'il étoit sous le poids du Sceptre, ils le jugèrent indigne de le porter, & le déposèrent : Mais ce Prince, aussi indolent qu'imbécille, vit d'un œil assez tranquille sa Couronne passer sur une autre tête, & son fils privé d'une succession à laquelle il avoit droit de prétendre en vertu des Loix des François.

Adonis Chron. an. 752.

On trouve dans Baluze une Ordonnance qui porte son nom. Elle défend d'introduire de fausses monnoies dans le Commerce, ou d'en fabriquer, sous peine de perdre la main. On lit aussi dans l'Itinéraire de saint Villibad, qu'il y avoit de son temps des marchés établis dans plusieurs Villes situées le long

Capitul. Child. III. cap. 20. an. 744. Baluz. t. 1. p. 151.

Itiner. S. Villib. n. 5. an. 750 sur. 7 Jul. & Boll. t. 2. p. 503.

de la Sage, (*a*) qui prend sa source en Westphalie, selon Baudran, pour se jetter ensuite dans le Rhin.

Sous lui Pepin fut maître absolu du gouvernement, & du maniement des affaires, qu'il géroit seul. Aussi actif & aussi entreprenant que les Maires ses prédécesseurs, il ne fut pas moins ambitieux, & sçut mieux qu'eux mettre tout à profit pour réunir en sa personne la qualité de Roi & la Puissance Royale, qu'il exerçoit depuis qu'il étoit premier Ministre.

Comme depuis longtemps les Maires du Palais étoient revêtus du pouvoir principal, cette révolution ne changea rien dans le Commerce. Pepin, plus occupé du soin d'affermir son autorité naissante, que des moyens propres à rendre ses nouveaux Sujets plus heureux, en faisant régner parmi eux l'abondance, se contenta de maintenir le Négoce dans son ancien état.

(*b*) Quelques-uns pensent que *Saga* est employé dans cette Vie, pour *Sequana*; & que le *Rotum Emporium* est la même chose que s'il y avoit *Emp. Rotomagense*. Bolland. ibid.

On a de lui deux Chartes concernant la Foire de Saint-Denis. L'une de 753, autorise les Religieux à percevoir les droits ordinaires, & affermit les Négocians dans leurs anciens privilèges. L'autre condamne l'indocilité de Gérard Comte de Paris, lequel, nonobstant la précédente, exigeoit de nouveaux impôts des Marchands Forains, au préjudice du Monastère de saint Denis, & des franchises de la Foire.

Annal. Ord. S. Bened. t. 2. p. 165. Ibid. p. 193. D. Bouq. t. 5. p. 703. an. 759.

En 755, il donna un nouveau Capitulaire, daté de Ver, par lequel il ordonne que les sols d'argent ne seroient plus taillés que de vingt-deux à la livre de poids, & que de ces vingt-deux pièces, le Maître de la Monnoie en retiendroit une, & rendroit les autres à celui qui avoit fourni l'argent : par où l'on voit qu'il étoit déja d'usage que les particuliers allassent porter aux Hôtels des Monnoies leur or & leur argent, pour les faire convertir en espèces. 2°. Que Pepin augmenta le poids des sols, & qu'il en falloit avant lui plus de vingt-deux pour une livre.

Capitul. Pippin. Vernens. art. 27.

Art. 22. La même Ordonnance exempte de tous droits les pelerins & les passans qui ne commercent point. *Capit. Metons. an. 757 art. 6.* Deux ans après, il déclara, en conformité, que les viandes & les denrées nécessaires à la vie, ne devoient rien : défenses aux gens commis à la régie du tonlieu, d'exiger aucun tribut des voitures chargées de meubles, de hardes, & même de coffres ou cassettes fermées, pourvû que le propriétaire ne soit point dans la résolution d'en commercer.

Carloman, fils & successeur de Pepin dans cette partie de la France où étoit Paris, fit peu de chose en *An. Ord. S. Bened. t. 2. p. 218.* faveur du Commerce. Il confirma les Moines de S. Denis dans leurs privilèges au sujet de la Foire. On lit dans la Vie de saint Hubert, *Vit. S. Hubert. c. 20. sur. 3. Nov. an. 680.* qu'il orna de présens magnifiques l'Église où reposoit le Corps de ce Saint ; & que parmi ces présens, il y avoit plusieurs vases d'argent, & des tapis, somptueusement ouvragés, qu'il avoit fait venir des Pays étrangers, sans doute par la voie des Négocians.

Le règne de Charlemagne, plus

long & plus fertile en événemens, renferme aussi plus de particularités relatives au Commerce.

Il signala ses premières années par la conquête de la Lombardie, qu'il vint à bout de joindre aux successions de Pepin & de Carloman. Ce Royaume étoit déja célèbre par son trafic & par l'équité de ses Loix. Sa réunion donna un nouvel éclat au Commerce & à la Navigation des François. Les Lombards joignoient à un génie inventif, d'heureux talens pour le Négoce, & ils étoient supérieurs aux Goths d'Italie, par la facilité avec laquelle ils sacrifioient leurs ressentimens particuliers, au bien géneral de leur trafic.

Commerce extérieur.

Ado in Chronico.

Les François, à leur exemple, communiquoient indistinctement avec tous ceux qui les environnoient, avec les Saxons & les Normands, comme avec leurs alliés, & les autres peuples avec qui ils n'avoient rien à démêler.

Ils alloient trafiquer dans la Pentapole & au territoire de Ravenne, & navigeoient sur la Mer Adriatique, comme on l'apprend d'une

Ep. Hadriani. ad Kar. D. Bouquet, t. 5. p. 588.

Lettre du Pape Adrien à Charlemagne. On y lit que le Roi de France, mécontent des Marchands Venitiens, qui s'y étoient établis pour en faire seuls le Commerce, les en fit tous chasser, & les contraignit d'abandonner les Comptoirs qu'ils y avoient en grand nombre.

Le Commerce du Nord se faisoit avec plus d'ordre & de concert. Les François étoient très-unis avec les peuples des Isles Britanniques. Les Marchands de ces Isles ne trafiquoient plus à la façon de leurs ancêtres ; c'est-à-dire, en recevant de l'étranger, de viles marchandises pour de l'argent, de l'étain, du plomb & pour des pelleteries de grand prix. Ils avoient des vaisseaux propres à faire de longs cours, & s'en servoient avantageusement pour trafiquer avec les Lombards & les François, qui recevoient d'eux les métaux de leurs mines. La protection que Charles leur accorda, à la prière d'Offa Roi de Mercie, fait également l'eloge des deux Souverains, puisqu'elle est une preuve qu'ils étoient tous deux attentifs à répandre

dre l'abondance dans leurs États. Ils avoient l'un pour l'autre une estime réciproque. Charlemagne marqua la sienne à Offa, en accompagnant d'un beau présent un passeport que le Roi de Mercie lui avoit fait demander en 796. Ce présent consistoit en deux habits de soie, un baudrier & une riche épée, telle qu'en portoient les Huns de son temps.

Epist. 1. Karoli ad Offam. Reg. Mercior. an. 774. Baluz. t. 1. p. 174.

Ep. 2. Kar. ad Offam. Bal. tom. 1. p. 270. an. 796.

Un incident imprévû pensa être une occasion de rupture entre les deux nations. On trouve raconté dans la Vie de saint Ludger, que le fils d'un Comte des environs d'Yorck, ayant été tué par un Marchand de Frise, le peuple, & même quelques Grands, s'en prirent mal à propos à tous ses semblables qui étoient dans ces cantons à trafiquer : de sorte que la plûpart, quoique innocens, furent obligés de céder au tumulte, de sortir de l'Isle, & d'abandonner leur Commerce. Tout cela se passoit pendant qu'Alcuin étoit encore en Angleterre.

Bolland. 26. Mart.

Vers ce même temps, les Danois se mirent à recommencer leurs pirateries avec un acharnement dont on n'avoit pas encore eu d'exemple. Le trafic n'étoit pourtant pas pour eux une profession inconnue : ils avoient souvent donné retraite à des Marchands François, & plusieurs d'entr'eux s'exerçoient au Négoce avec assez de succès. (a) Mais soit que leur avidité le leur fit envisager comme une voie trop lente pour se procurer les commodités qu'on peut en attendre, ou bien que ce moyen ne suffit pas pour faire subsister le grand nombre d'hommes dont leur Pays étoit peuplé, soit enfin qu'ils y fussent poussés par un sentiment secret de jalousie, on les vit subitement renoncer à leur premier dessein, s'attrouper & s'embarquer pour infester les Mers, & tenter des descentes sur les Côtes de Germanie, de France & d'Angleterre, avec des armemens proportionnés aux forces de ceux qu'ils se proposoient d'attaquer.

Ado in Chr. ad an. 808. D. Bouq. t. 5. p. 322.

Annales Metenses ad an. 809.

Eginh. Vit. Kar. M. cap. 17.

(a) Interea Godefridus Rex Danorum per quosdam Negotiatores mandavit Duci qui Fresiam prævidebat, audisse se quod ei Imperator *(Karolus) esset iratus.*

De tous les Royaumes avec lesquels ils confinoient, la France étoit le plus riche & le plus puissant, tant par la fertilité de ses campagnes & l'industrie de ses peuples, que par l'excellence de son gouvernement. Mais cet état de splendeur & de magnificence, au lieu de les pénétrer d'estime & d'admiration, ne fit qu'exciter en eux des désirs injustes & criminels. Ils s'accrurent avec tant de violence, que la plûpart prirent le parti de déserter leur propre Pays pour s'exposer à des périls certains, dans l'espérance d'un bien-être incertain, qu'ils ne pouvoient attendre ni de la fécondité de leurs terres, ni de leur propre intelligence.

Ils ignoroient que ce bonheur étoit l'effet des soins d'un puissant Monarque qui joignoit aux vertus politiques, les qualités guerrières les plus éminentes. Bientôt ils éprouvèrent sa valeur, & leur opiniâtreté ne fit que multiplier ses victoires. On dit pourtant que Charles, tout intrépide qu'il étoit, ne put s'empêcher de verser des larmes en voyant l'acharnement avec lequel ils combattoient, & revenoient à la charge, après avoir été battus & mis en fuite : non pas qu'il craignît ces Barbares ; c'étoit seulement dans la vûe des maux qu'il prévoyoit bien qu'ils causeroient un jour à la France, sous des successeurs moins puissans que lui. Ils suggérèrent aussi plus d'une fois des desseins de révolte aux Saxons, peuple léger & inquiet, qui eût mieux fait de continuer en paix son Commerce, que de mettre son Souverain dans la nécessité de lui imposer des conditions génantes, & de resserrer son Négoce.

Les Saxons, depuis le règne de Dagobert, s'étoient toujours distingués par leur habileté dans le trafic. On voit par les Chartes d'établissement & de confirmation de la Foire de Saint-Denis, qu'ils s'y rendoient en grand nombre. Tant que l'esprit de vertige & de sédition ne les porta pas à se soustraire à la domination des François, rien ne les empêcha de vivre paisiblement du fruit de leurs travaux. Las de s'occuper en paix, ils changèrent de conduite sous Charle-

D. Bouq. t. 4. p. 627. sqq.

Eginhard. Vit. Kar. Mag. c. 7.

Adonis Chr. au. 777 807 808. & sqq.

magne, par la malice des Normands ; & ce Prince se vit enfin obligé d'assujétir leur Commerce aux conditions suivantes.

Il leur défendit d'acheter, vendre, fabriquer, ou garder chez eux aucune sorte d'armes ; interdit aux Marchands François qui alloient en Saxe, la vente & le transport des cuirasses, des casques, des épées, & en général, de tout ce qui sert en guerre, tant pour attaquer que pour défendre ; & de peur que l'esprit de rebellion dans les uns, & l'appas du gain dans les autres, ne produisît entre eux un concert préjudiciable au repos de la France, il distribua dans la Saxe plusieurs Officiers, à chacun desquels il assigna un District, pour éclairer de près les actions des uns & des autres, par une inspection plus particulière.

Capit. 3. an. 803. art. 7. Capitul. 2. an. 805. art. 7. Cap. 3. ejusd an. art. 9. Baluz. t. 1. p. 425. & 431.

Le Capitulaire d'où j'ai tiré ces particularités, apprend encore que les François commerçoient aussi avec les Avares & avec les Esclavons, sur le Danube & aux environs du Weser ; qu'ils faisoient de

fréquens voyages à Magdebourg, Lunebourg, Nuremberg, & autres Villes d'Allemagne, dont les noms qu'elles portoient alors n'ont plus rien de commun avec ceux
Cap. an. 805. ibid. art. 7.
qu'on leur donne aujourd'hui. Ils alloient aussi commercer au-delà des Pyrenées, & avoient des Comptoirs & des Banques à Sarragosse.

Adonis Chr. an. 809.
Je ne parle ni des Syriens, ni des Égyptiens, ni des Grecs, avec qui les François avoient des relations habituelles. Je me suis déja étendu assez au long sur la nature du Commerce de ces cantons : il
Eginhard. Vit. Kar. cap. 15. 16. & 27.
suffit d'observer que leurs liaisons réciproques étoient des plus intimes; que les François tiroient leurs soieries de la Grèce, & que Charlemagne entretenoit pour le bien
Adon. ad an. 801.
de ses peuples, des correspondances continuelles avec presque tous
Eginhard. cap 27.
les Rois d'outre-mer & d'Asie, jusqu'en Perse, où régnoit le fa-
Poet. Sax. l. 5. v. 493.
meux Aaron son admirateur & son ami.

C'étoit de ces régions que venoient les choses précieuses, en quoi consistoit le principal Commerce des Juifs, gens avides & passionnés pour le gain ; étrangers en tous lieux, même dans le sein de leur Patrie, & surtout parmi les Chrétiens, qu'ils étoient dès lors dans l'habitude de regarder comme un peuple novateur, ennemi du Très-Haut, & comme les usufruitiers, ou plûtôt comme les détenteurs injustes des biens & des fortunes qu'ils croyoient leur appartenir.

Fondés sur de tels principes, ils se permettoient non-seulement les usures les plus excessives, ils avoient aussi coûtume de surfaire & de tromper de toutes les manières que leur cupidité leur suggéroit. Ils achetoient des malfaiteurs qui s'adressoient à eux, les effets volés, ou dans les Églises, ou chez des particuliers puissans, dont ces voleurs redoutoient les recherches & les poursuites. *Cap. 5. an. 806. art. 5.*

Charles, pour corriger tant de pratiques également odieuses & contraires au bon ordre, fit plusieurs Réglemens, la plûpart sur le rapport des Commissaires Royaux, qu'on nommoit en latin *Missi Dominici.* Il ordonna aux personnes commises à la garde des choses *Baluz. t. 1.*

pag. 453. saintes, de veiller plus attentivement à leur conservation, & de faire en sorte que rien de tout ce qui avoit coûtume de servir aux saints Offices, ne parvint jusqu'à ces Infidèles. Dans une autre Ordonnance, il réduit les Juifs à la condition des Payens & des Hérétiques ; & comme tels, les déclare déchûs des droits & privilèges attachés à la profession de Marchands, & inhabiles à acquérir des biens-fonds, ne fut-ce qu'à titre d'emphytéose : leur défend aussi d'acheter des Serfs Chrétiens pour les occuper ; en trafiquer, & les revendre. Il abolit les ventes nocturnes, afin de prévenir par là les artifices & les infidélités de ceux qui, abusant du faux jour des lumières pour causer une illusion préjudiciable aux acheteurs, vendoient pour des ouvrages de métaux précieux, des compositions méprisables, & de bas prix.

Fod. Hist. Ec. Rem. l. 2. cap. 5. n° 13.

Add. 4. c. art. 90.

Cap. Kar. M. lib. 6. art. 119. & 423.

Cap. 5. an. 803. art. 2. & 3.

Commerce intérieur.

La France, située au centre de tant de nations diverses qui s'empressoient d'y apporter des richesses de tout genre, étoit elle-même un Pays fertile, où les choses nécefsaires à la vie venoient en abondance. Ce surcroît de bonheur n'auroit été propre qu'à y introduire la confusion, sans l'union des Négocians entr'eux, & sans l'ordre & la police que Charles sçut mettre dans le Commerce.

Les Rivières étoient les routes les plus communes, par où les marchandises étoient portées d'un lieu dans un autre. On se servoit aussi de chariots & de bêtes de charge, & cette manière de transporter étoit la même en Neustrie, en Provence, en Bourgogne, & dans le voisinage de Paris. *Hist. de S. Germ. des Prez, p. 22.*

La France avoit pour entrepôt principaux, Rouen, & Vicques, ou Saint-Josse, dans la Neustrie; Amiens, en Picardie; Terouanne, Mastricht & Dorostade, dans les Pays-Bas; Paris & Pont-Sainte-Maxence, pour l'Isle de France; Troyes, en Champagne; Sens & Orléans, en Bourgogne: sans compter ceux qu'il y avoit au-delà de la Loire, dans la Saintonge, le Languedoc, & les autres quartiers qui sont entre les deux Mers. *Ibid.*

Tous ces Lieux étoient voisins *Adrevald.*

de quelques Rivières, où il y avoit des Ports, des Hôtels de Monnoie, & des Bureaux pour les droits de travers. Le Comte du canton étoit chargé d'y faire obſerver la police, & commettoit ordinairement à cet effet un Officier avec la qualité de *Procurateur*.

Floriacenſis, cap. 18. & 19 inter Act. Ss. Ord. S. Ben. ſæc. 2. p. 375. 376.

D. Bouq. t. 5. p. 449.

A l'égard des Loix générales qui ſont néceſſaires pour la manutention du bon ordre, & pour la ſureté des Commerçans, Charles trouva ſuffiſantes les Conſtitutions de ſes prédéceſſeurs, & aima mieux les renouveller, que de les abroger pour en introduire de nouvelles. Il corrigea la Loi Salique, & ordonna en 789, qu'on tiendroit la main à ce que les poids & les meſures fuſſent uniformes dans les marchés. Il réïtéra plus d'une fois cette Ordonnance pendant le cours de ſon règne.

Balaz. t. 1. p. 296.

Capitul. de Miniſtr. Palat. c. 2.

Cap. an. 789. art. 72.

Cap. an. 798 art. 23.

De tous les moyens qu'on mit en œuvre pour faire fleurir le Trafic, aucun ne fut auſſi efficace que la coûtume établie parmi les perſonnes diſtinguées, de faire valoir elles-mêmes leurs héritages. La mode ne s'étoit pas encore accréditée de regarder comme un acte servile, le soin de ménager ses propres intérêts. Les Grands & les Seigneurs les plus qualifiés de la Cour, s'occupoient avec complaisance à faire fructifier leurs biens & leurs possessions, & entretenoient dans leurs Terres des fabriques de toutes espèces, dont les ouvriers travailloient à leurs profits.

Le Roi lui-même, avant son voyage de Rome, où il fut couronné en qualité d'Empereur d'Occident, sembla vouloir retracer par sa conduite, la façon d'agir de ces Héros Romains qui vivoient pendant l'âge d'or de la République, & à qui les occupations champêtres servoient de délassement aux fatigues de la guerre.

Le Capitulaire qu'on a de lui, en date de l'an 800, offre aux yeux des détails de ce genre qui sont surprenans. On y voit comment ce grand Prince, sans avilir la pourpre, & sans déroger à la dignité suprême dont il étoit revêtu, sçavoit dans le besoin donner des ordres, & proposer des vûes nouvelles aux Châtelains, ou Inten-

Capit. Kar. de Villis, an. 800. Baluz. t. 1. p. 331.

dans, qui étoient chargés de faire valoir ses Domaines, & de gouverner ses Maisons de plaisance.

Ces Lieux, qu'on trouve désignés dans ses Capitulaires, sous le nom de *Curtes*, & de *Villæ*, n'étoient pas de simples Métairies, ou Châteaux de campagne : ils avoient un grand nombre de dépendances qui formoient un arron-
Art. 62. dissement considérable. (*a*) Outre

(*a*) Ut unusquisque judex per singulos annos ex omni conlaboratione nostrâ, quid debobus quos bubulci nostri servant quid de mansis qui arari debent, quid desogalibus, quid de censis, quid de fedâ fractâ, quid de feraminibus in forestis...... Quid de molinis, de forestibus, campis, quid de mercatis, quid de vineis, quid de illis qui vinum solvunt, quid de fæno, quid de lignariis & faculis, quid de axilis..... De leguminibus, de milio & panico, quid de lanâ, lino & caneva, quid de frugibus arborum, quid de nucibus majoribus & minoribus, quid de insitis ex diversis arboribus, de hortis, de apibus rivariis, coriis, pellibus, de carnibus, melle & cerâ, quid de uncto & sapone...... De vino cocto, medo & aceto, quid de cervisiâ, de vino novo & vetere, de annonâ..... Quid de pullis & ovis vel anseribus id est aucis, quid de piscatoribus de fabris, scurariis, vel sudes jardins & des parcs, il y avoit des cantons entiers habités par des ouvriers en tous métaux ; des haras, des troupeaux de gros & de menu bétail, qu'on menoit pâturer dans les bois ; des forges, des fonderies, des tanneries, des viviers, des vignes, des pressoirs, des moulins, des boutiques d'Orfèvres ; des atteliers de Taillandiers, de Fourbisseurs, de Charpentiers, de Charrons ; d'autres où l'on façonnoit la cire, le suif, le miel, le beurre, &c. où l'on faisoit de la moutarde, & des liqueurs de plusieurs sortes. On y voyoit aussi des ménageries d'oiseaux, où l'on conservoit des paons, des faisans, des tourterelles, & au-

Art. 45.

Art. 40.

toribus, quid de buticis & cofinis..... De tornatoribus & sellariis, de ferrariis & scrobis id est fossis ferraricìis, vel aliis fossis plumbariciis, quid de tributariis, quid de poledris & putrellis habuerint, omnia disposita, distincta & ordinata ad Nativitatem Domini nobis notum faciant, ut scire valeamus quid vel quantum de singulis rebus habeamus. *V. art. 65. de piscibus art. 7. de generib. herbarum....... Art. 69. de lupis extirpandis.*

tres volailles femblables. Le Juge, ou Châtelain, chargé du gouvernement & de l'adminiftration de toutes ces chofes, avoit une infpection générale fur ceux qui travailloient au profit du Roi. Il étoit obligé de tenir regiftre de tout, & un état exact des dépenfes & des produits, & rendoit compte de fa geftion au Roi lui-même, tous

Art. 18. les ans fur la fin du Carême.

L'année fuivante 801, Charlemagne alla à Rome, où il fut couronné Empereur, titre augufte qui ne diminua rien de fon affabilité accoûtumée. Quoique égal en dignité, & fupérieur en puiffance aux fiers Empereurs de Conftantinople, il ne fut dans la fuite ni moins populaire, ni moins attentif à defcendre dans le détail de tout.

Excerpt. c. ex Leg. Longob. apud Baluz. t. 1. *p.* 350. *an.* 801.

Cette même année, il ordonna qu'on obferveroit en toute rigueur l'article de la Loi des Lombards, qui défend les acquifitions clandeftines des Serfs, & déclara qu'elles ne feroient légitimes & valables, qu'autant que le contrat & les conventions auroient été conclus en préfence d'un Comte ou d'un Commissaire Royal. Il défend de favoriser leur évasion hors de ses États, sous quelque prétexte que ce soit, & d'en trafiquer avec les étrangers.

Art. 10.

Art. 17.

Nous apprenons de Bertaire, qu'il y avoit alors près de Verdun, une société de Négocians qui y faisoient un gros commerce. Le nom de *Bracenses* que leur donne cet Auteur, a été différemment expliqué par les critiques. Les uns ont crû que c'étoient, ou des Fabricans d'étoffes, ou des Marchands d'habits, semblables à nos Fripiers, qui vendoient aussi des pelleteries & des fourures, à cause du mot *Braia*, ou *Braca*, qui signifie en vieux langage, des habillemens de cette sorte. L'analogie des sons en a porté plusieurs à traduire ce mot par celui de *Brasseurs*. D'autres ont prétendu que ce nom leur venoit d'un Village nommé *Braca*, situé près de Verdun, où ils avoient leurs magasins & leurs manufactures. Ces Négocians, quel que fût leur genre d'occupation, relevoient de l'Église de Verdun, trafiquoient sous sa protection, & lui payoient

Chron. ... Bertair. Spicilegiũ, t. 2. p. 237. col. 1. Labb. M.S. t. 1. p. 117. Ducange, col. 1270. R. Wastebourg. Hist. Belg.

Hist. de Verdun, 4° c. 48. p. 126. nouv. éd.

tous les ans des redevances considérables.

Capitul. 2. an. 802. de Navig. art. 14.

En 802, quelques escadres de vaisseaux barbares parurent à la hauteur des Côtes de France, dans le dessein de les désoler & d'en traverser le Commerce. Charlemagne, qui en fut averti, prévint leurs ravages, visita ses Ports, & fit construire des vaisseaux qui devoient toujours rester armés & équipés. Il distribua des Officiers le long des Côtes pour y commander, en cas de descente & d'invasion, & fit ordonner aux habitans des Lieux voisins de la Mer, de se rendre à leurs signaux, sous peine de vingt sols d'amende, ce qui revient environ à quarante livres de notre monnoie.

Eginh. vit. Karol. M. cap. 17.

Art. 15.

Pendant que Charlemagne soumettoit les Saxons, assuroit le Commerce contre les efforts des Sarrasins, des Maures & des Danois, & remplissoit le monde de son nom, par l'éclat de ses exploits, des Commissaires, par son ordre, visitoient ses États, & passoient de Ville en Ville pour y rendre la justice & réformer les abus. Le soin qu'ils prirent en différens

férens temps de régler le tonlieu, n'empécha pas que plusieurs ne le perçussent tyranniquement dans des Lieux où il n'étoit point dû ; & cela sous le spécieux prétexte de soulager les voitures, & de réparer les chemins.

Pour l'intelligence de ce point d'histoire, il faut sçavoir que les péages & les travers n'étoient dans leur origine que des contributions volontaires, ausquelles les Négocians s'obligeoient pour fournir à l'entretien des ponts & chaussées. Le besoin qu'on eut de quelques personnes intelligentes pour les faire réparer à propos, porta les Souverains & les Seigneurs à établir des Bureaux dans les Lieux de Commerce, dont l'abord étoit difficile. Cet usage dégénera bientôt. Les Seigneurs continuérent à percevoir les revenus, sans acquiter les charges. Il arrivoit de là que des particuliers trop officieux, couvrant leur cupidité de l'appareil du zéle pour le bien public, s'établissoient d'eux-mémes en plusieurs endroits, où ils exigeoient de nouveaux droits des voitures, au moyen de quelques légères améliorations qu'ils faisoient aux routes.

Ces nouveautés dangereuses étoient tellement multipliées en 803, que les Commissaires jugèrent à propos d'en informer Charlemagne. Ce Prince fit à ce sujet trois Réglemens dans l'espace de six ans. Le premier, daté de 803, porte en substance qu'on ne pourra exiger de droits que dans les Lieux où ils sont établis depuis un temps immémorial. L'autre, en date de 805, fut rendu en interprétation du premier, à l'occasion de plusieurs Marchands qui, profitant de l'ambiguité des termes un peu trop généraux dans lesquels il étoit conçû, refusoient de payer les redevances légitimes & de rigueur. Il y décide qu'on ne peut, à la vérité, rien exiger des passans, ni des personnes qui transportent leurs meubles sur des voitures d'un Lieu dans un autre, ni même de ceux qui vont à la guerre avec des chariots de munitions & de provisions de bouche ; mais que les gens commis au tonlieu sont en droit de faire payer les impositions accoûtumées aux Né-

Cap. 6. an. 803.

Art. 6.

Capit. 2. an. 805. art. 13.

gocians qui passent sur les ponts, ou par des Lieux où la navigation est difficile, & où ils ont besoin d'un secours étranger, comme aussi pour les places qu'ils y occupent dans les marchés.

Cette nouvelle Déclaration, malignement interprétée, occasionna des excès encore plus dangereux que ceux qu'on y condamne. Plusieurs joignant l'insolence à la cupidité, envoyoient au devant des voitures marchandes pour contraindre les conducteurs à les faire passer sur les ponts & par les endroits où il leur étoit dû quelque chose : Mais Charlemagne y coupa court en 809, par des défenses plus expresses. Il statua aussi cette même année, que ceux qui ont des vignes & des moissons, ne pourront en vendre la récolte sur pied, avant que le temps soit venu de les recueillir, & d'en faire eux-mêmes valoir le produit.

Cap. 1. an. 809. art. 19.

Cap. 2. an. 809. art. 16.

Ce dernier Réglement avoit été précédé de quelques autres concernant les monnoies. Pour l'intelligence de ce qu'ils contiennent, j'ai crû qu'il étoit à propos de reprendre les choses de plus haut, afin d'expoſer de ſuite ce qui s'eſt paſſé de plus remarquable à ce ſujet.

Leblanc, p. 4. & ſuiv. Lorſque les Francs s'établirent dans les Gaules, les Romains tailloient ſoixante-douze ſols dans une livre d'or. Ce ſol peſoit d'abord quatre-vingt-ſeize grains poids de marc. Il fut réduit dans la ſuite au poids de quatre-vingt-cinq grains un tiers, valant quarante deniers d'argent fin de vingt-un grains chacun.

La conformité du ſol Franc & du ſol Grec, perſuade que les premiers François ont imité les Romains dans la fabrication de leurs monnoies. Le poids & le loi étoient le même. Le ſol ſe diviſoit en demi-ſols, tiers de ſols. Il y eut en France des deniers d'argent ſur la fin de la première Race ; mais ils ne furent d'un uſage bien conſtant que ſous Charlemagne.

Ce Prince changea l'ordre des choſes pour le bien du Commerce, & voulut qu'on ſe ſervît dans ſes États de deux ſortes de monnoies ; l'une réelle, comme ſont les eſpèces qui ont cours ; l'autre numéraire, & de compte, pour la commodité des Commerçans & la facilité de la supputation.

Il renforça la monnoie d'or & d'argent, augmenta le poids du sol d'or jusqu'à cent trente-deux grains; ordonna que vingt sols d'argent peseroient une livre, & fit monter le poids des deniers d'argent à vingt-cinq grains. Il substitua la livre Gauloise de douze onces juste, à la livre Romaine, qui n'étoit que de dix onces deux tiers, pour éviter les fractions.

A l'égard de la livre de compte, dont nous nous servons encore aujourd'hui, & que presque tous les autres peuples de l'Europe ont prise de nous, il fixa sa valeur à vingt sols; divisa le sol en douze deniers. Le sol réel revenoit à quarante des nôtres.

Quelque utile que soit cette invention, l'on a lieu d'être surpris que Charlemagne n'ait pas poussé plus loin ses vûes, en faisant fabriquer de menues pièces de billon & de cuivre, cette sorte de monnoie étant absolument nécessaire pour l'achat des denrées qui coûtoient moins d'un denier. Il faut supposer qu'on recevoit dans le Commerce, celles des Romains du Bas-Empire, ou des autres peuples voisins de la France. On pourroit aussi avancer que comme les trocs & les changes étoient beaucoup plus communs & plus variés qu'à présent, on avoit des règles & des coûtumes qui nous sont inconnues, par lesquelles on suppléoit à cette monnoie de détail.

Parmi les Capitulaires de Charlemagne, où il est parlé de monnoies, ceux de 779, 794, 805, & 808, sont dignes de remarque. Il établit dans le premier, que la livre sera de vingt sols. Par le second, il met ordre aux prévarications de plusieurs personnes mal intentionnées, qui avoient profité de son absence & de ses voyages pour altérer le poids & le titre des espèces d'argent. Il y décrie les deniers mal fabriqués; déclare que ceux-là seuls auront cours dans tous les Lieux, Villes & Marchés de son obéissance, qui sont de poids, d'argent fin, & marqués de son monogramme. Celui de 805 proscrit de nouveau les monnoies qui

Decretal. Precum Bal. t. 1. p. 799.

Capitul. Francf. art. 5. an. 794.

Cap. 3. an. 805. art. 20.

ne font pas de poids ; fait défenses de battre monnoie ailleurs que dans le Palais de l'Empereur. Le quatrième porte la même chose en substance. On remarque que les pièces frappées depuis les expéditions d'Italie & de Lombardie, sont faites avec plus de goût que celles d'auparavant. Les lettres en sont mieux formées, & rangées avec plus d'ordre.

Cap. 2. an. 808. art. 7.

Sous un gouvernement aussi ferme & aussi équitable, les Commerçans ne pouvoient manquer de prospérer. L'abondance régnoit partout, & le soin de se procurer le nécessaire n'inquiétoit personne. Comme on ne pensoit qu'à se ménager toutes sortes de commodités, le luxe ne tarda pas à s'introduire dans les meubles & dans les habits.

On lit dans la Vie de saint Ludger, que dès l'an 777, il y avoit en France des Fondeurs habiles, & des Ouvriers en or & en argent, pleins de génie & de goût. Charlemagne, par le Capitulaire de l'an 800, recommanda à tous ses Châtelains, ou Intendans, d'attirer dans leur District des Ouvriers habiles en

Ep. S. Ludger. de S. Suibert. n° 11. an. 777. jur. tom. 2. p. 21.

tous métiers. Ce fut aussi de son temps que l'usage des cloches commença à devenir plus commun, & que la coûtume s'établit de renfermer les ossemens des Saints dans de riches caisses portatives, ornées & façonnées avec magnificence.

Le luxe dans les habits n'étoit plus le même que du temps de Dagobert, sous qui la mollesse & la somptuosité des Asiatiques avoit pénétré jusqu'en France. Il consistoit plus dans le choix des fourures & des étoffes, que dans l'éclat des ornemens. Cependant les François n'en étoient pas moins passionnés pour les parures; & le caprice qui préside aux modes, faisoit craindre qu'au lieu d'un luxe poli & curieux, propre à soutenir & à varier le Commerce, on n'en vînt à introduire un luxe ruineux, & de pure fantaisie. Tantôt la marte étoit de mise, tantôt le loutre; & selon que l'espèce de ces peaux étoit plus ou moins rare, leur prix étoit plus ou moins haut. Il arrivoit de là que certains Marchands profitant de l'instabilité françoise en fait de mode, s'enrichissoient.

ſoient outre meſure, pendant que des particuliers, pour ſe conformer aux loix du luxe, ſe conſtituoient dans des dépenſes énormes.

Charlemagne arréta les ſuites d'un tel uſage, en fixant le prix des fourures, chaperons & rochets, à raiſon de la valeur commune des peaux dont ils étoient compoſés : car ces ſortes d'habits ſe vendoient tout faits, & les Tailleurs étoient exempts du ſoin d'obſerver ſcrupuleuſement les dimenſions de la taille. Il avoit déja ordonné que les chauſſures ſeroient uniformes, & qu'on les feroit de bandes croiſées les unes ſur les autres, à la façon des Romains. Il défendit le port de certaines étoffes de laine & de lin. Pour joindre l'exemple au précepte, il étoit toujours vétu d'une manière ſimple & modeſte, ne portant, dit Éginhard, qu'un pourpoint fait de peau de loutre, ſur une tunique de laine bordée de ſoie. Il mettoit ſur ſes épaules un ſayon teint en bleu, & pour chauſſures, il ſe ſervoit de bandes de diverſes couleurs.

Capit. 2. an. 808. art. 5.

Cap. 3. an. 789. art. 8.

Capitul. lib. 6. art. 46.

Eginhard. vit. K. r. cap. 23.

Charlemagne, intimément convaincu que la Religion eſt le plus ferme appui du trône, la baſe & le ſoutien du Commerce, ne ceſſe d'en inculquer la néceſſité dans ſes Capitulaires. Il y recommande la pratique des préceptes évangéliques, comme un moyen ſûr de bannir du Négoce, la fraude & l'infidélité. En 809, il réïtéra les défenſes qu'il avoit déja faites de travailler ou de trafiquer le Dimanche : Enjoignit aux Marchands de ſe conformer aux ſaints Canons, qui ordonnent de s'abſtenir de toute œuvre ſervile pendant ce ſaint jour, pour le conſacrer tout entier au culte & au ſervice du Seigneur. On trouve outre cela, des chapitres entiers d'avis édifians adreſſés aux Négocians François, par leſquels il les exhorte à ne pas négliger le ſalut de leurs ames pour un vil intérêt, ou par l'amour d'un gain ſordide ; mais de ſe propoſer pour règles de conduite, des motifs plus nobles & plus relevés, en travaillant pour plaire à Dieu, & dans la vûe de contribuer au bien de la ſociété civile. Il renouvella auſſi les défenſes tant de fois faites aux Eeclé-

Cap. 1. 809. art. 18. Baluz. t. 1. p. 471. 504. 635. 729. 738. 854. 1285.

Agobard. Operum, t. 1. pag. 59. ep. 6.

Capitul. l. 6. c. 299.

fiaftiques, de trafiquer & de vendre à la façon des Marchands ; leur interdit toutes fonctions de ce genre, comme peu convenables à leur état, & peu compatibles avec la fainteté de leur miniftère. Cette défenfe regardoit auffi les pénitens.

Capitul. lib. 1. c. 22.

Cap. lib. 7. cap. 62.

L'efpace qui s'écoula depuis l'an 809 jufqu'en 814, n'eft rempli par aucun événement de nature à être ici rapporté. (*a*) Le Commerce étoit fi folidement établi en vertu des Loix dont je viens de parler, que les abus fe détruifoient en naiffant, & comme d'eux-mêmes. Ceux qui refufoient d'obéir à la Loi, avoient dans les Commiffaires & dans les Comtes, des furveillans redoutables qui les y contraignoient. Les abus de détail étoient réprimés par des bas Officiers qui leur étoient fubordonnés, & à qui l'Empereur

Capitul. de Min. Palat. art. 1. & 2. Baluz. t. 1. pag. 341.

(*a*) Les Continuateurs de Moreri, article *Commerce*, fe font trompés en rapportant au règne de Charlemagne, l'érection de la Charge du Roi des Merciers. Ils ont apparemment confondu Charlemagne avec Charles VI, car Toubeau, qu'ils citent, n'en fait pas remonter l'origine plus haut que l'an 1400. *Voyez Toubeau, Droit Conful.* 4°. *p.* 19. *éd.* 1682. *Loyfeau, des Seigneuries, c.* 9. *n°* 30.

adressoit des ordres de temps en temps pour aller en recherche & en visite dans les maisons des Marchands Chrétiens & Juifs, & dans les atteliers, où les Serfs travailloient par bandes pour le compte de leurs Maîtres.

En 814, Charlemagne mourut, après un règne de long cours, & illustré par toutes sortes de merveilles. On le voyoit encore pendant ses dernières années, passer rapidement d'un bout à l'autre de son Empire, pour en chasser les Barbares, que l'avarice y amenoit dans l'espérance du pillage.

Il assura le Commerce de la Manche, en faisant construire près de Boulogne, un Phare d'une grande beauté, à la place de l'ancien, que le temps avoit détruit. Il conserva jusqu'au tombeau l'amour de tous les Corps de son Royaume, par l'attention qu'il eut de ne jamais donner la moindre atteinte à leurs privilèges.

Adonis, Chronic. an. 811.

Si l'on excepte les Saxons, nation inquiète, & souvent rebelle, tous ses Sujets jouirent pendant longtemps d'un calme profond, malgré l'étendue immense de sa domination.

Depuis la Manche & les Isles Britanniques, jusqu'au Lobregat Fleuve d'Espagne en Catalogne, les Marchands François pouvoient naviger, sans courir aucun risque; & soit qu'ils voulussent négocier en Italie avec les Lombards, ou dans l'Isle de Corse, en Istrie, en Liburnie; soit qu'ils aimassent mieux parcourir l'Allemagne, & commercer avec les peuples de la Rhétie, aujourd'hui les Grisons, en Bavière ou en Autriche; naviger sur l'Elbe, la Moselle & le Danube, ou bien parcourir l'espace qui est depuis Ratisbonne jusqu'aux Alpes: ils avoient partout les mêmes suretés, jouissoient des mêmes privilèges, & n'avoient à redouter ni la sévérité de Loix inconnues, ni la bizarrerie d'une police étrangère, ni l'incommodité de certaines règles onéreuses & imprevûes. Leurs affaires les demandoient-elles en Asie, en Afrique, en Syrie, en Égypte, ou dans telle autre région habitée par les peuples les plus cultivés de l'Orient, ils étoient sûrs

Eginh. Vit. Kar. c. 15. & 16.

d'y recevoir l'accueil le plus satisfaisant, parce que Charlemagne entretenoit des correspondances dans tous ces Pays, & que pour cet effet, il étoit lié d'amitié avec la plûpart des Rois d'outre-mer, chez qui il faisoit passer de grosses sommes d'argent, lorsque l'industrie de leurs peuples ne suffisoit pas pour les mettre à l'abri de l'indigence.

Eginh. Vit. Kar. c. 27. Sigebert. ad an. 790.

Ce qu'on peut inferer de tout ceci, c'est que depuis l'arrivée des François dans les Gaules, aucun de leurs Rois n'avoit protégé le Commerce avec autant de discernement que Charlemagne. Sous lui, l'état florissant du Négoce ne fut pas l'ouvrage de quelques incidens, ou du concours fortuit des Asiatiques & des étrangers, comme il arriva sous les régnes de Clotaire & de Dagobert : il fut le fruit d'un systéme réfléchi digne du vaste génie qui avoit présidé à la conquête de tant de Provinces, & à la réunion de tant de peuples sous un même Empire. On a vû comment il mit des bornes aux usages & aux modes qui pouvoient à la fin dégénérer en un luxe à pure perte,

& capable d'introduire la molleſſe & la débauche, quoique d'ailleurs il permît à ſes Sujets ce luxe plus mitigé, qui a pour objet les commodités de la vie, & une propreté brillante, dans lequel il trouvoit mille reſſources pour faire de ſa Cour un ſéjour de délices & de magnificence.

Après des Loix auſſi équitables, & des règles auſſi ſûres que celles que Charlemagne avoit établies, il ſembloit que ſon ſucceſſeur n'avoit qu'à ſuivre le plan tracé, & laiſſer le Commerce dans l'état où il étoit.

Louis le Débonnaire.

Louis le Débonnaire penſa différemment : quoique plein de reſpect pour la mémoire de celui à qui il étoit redevable du trône & de la vie, il crut néanmoins à propos de changer quelque choſe à ſes Conſtitutions. Le luxe, par exemple, lui paroiſſant exceſſif, il voulut prendre des meſures efficaces pour y mettre un frein. Dans cette vûe, il ſe ſervit de moyens prudens en apparence, mais qui dans le fond ne pouvoient qu'être funeſtes au Commerce des François, puiſqu'ils alloient à réprimer subitement la magnificence dans les habits & dans les meubles. En 814, il défendit aux Ecclésiastiques de porter des habillemens somptueux à la manière des gens du monde ; proscrivit l'usage établi parmi eux d'avoir des ceintures superbes tressées d'or, & enrichies de pierreries, ainsi que quelques autres ornemens encore plus indécens, comme étoient les damas, ou courtes épées (*cultri*) qu'ils portoient au côté. A l'égard des Seigneurs & des particuliers opulens, à qui il ne pouvoit adresser de semblables défenses, il leur donna l'exemple d'une simplicité dans les habits, à laquelle on se crut obligé de se conformer, plus par bienséance & par complaisance, que par inclination.

Fragment. Hist. Franc. Duchesn. t. 3. p. 334.

Je laisse à penser quel tort fit au Commerce ce changement imprévû, & où en furent réduits les Marchands Juifs & étrangers qui apportoient d'Asie & de Syrie toutes les marchandises qui servoient à entretenir cet éclat dans les habillemens.

Depuis cette date, il ne se passa

rien d'important au sujet du Commerce, jusqu'en 820.

Cette année, des Pirates Maures, ou Sarasins, firent un acte mémorable d'hostilité, qui fut pour les autres Barbares ennemis de la France, le signal de plusieurs expéditions pareilles. Ils surprirent sur la Méditerranée, & coulèrent à fond huit vaisseaux marchands qui portoient leurs charges de Sardaigne en Italie. Vers ce même temps, des Corsaires Normands qui croisoient dans la Manche avec treize vaisseaux, ne pouvant tomber sur aucun navire marchand, prirent le parti de faire descente en plusieurs endroits de la Côte : mais ils furent partout repoussés avec perte, & contraints de regagner leurs bords.

De Gest. Ludov. Pii ad an. 820. Eginh. in eund. ann.

Ibid.

Les Sarasins, qui avoient été plus heureux, furent aussi plus opiniâtres. Ils continuoient encore leurs brigandages huit ans après, quand l'Empereur prit à leur égard une dernière résolution d'en purger la mer. Il fit part de ses intentions au Comte Boniface Gouverneur de l'Isle de Corse, & ce brave Officier

Vita Lud. Pii ad an. 828. Eginh. in eund. ann.

se disposa sur le champ à donner la chasse à ces Pirates. Il arma en conséquence plusieurs vaisseaux, les chargea de bonnes troupes de débarquement, qu'il avoit levées en Toscane & en Corse; mit à la voile, & aborda en Afrique par un vent favorable. Après avoir pris terre, il s'avance vers les lieux qui servoient de retraite à ces Corsaires; use de représailles, en portant chez eux le ravage: puis il se rembarque, disperse leur flotte, & rétablit ainsi avec autant de promptitude que de bonheur, l'ancienne communication de son Isle avec la Ville de Marseille, & les autres de la Côte.

L'Empereur ne portoit pas tellement ses vûes au dehors, qu'il ne fût attentif à ce qui se passoit au dedans de son Royaume. Il s'appliqua à régler le tonlieu & les monnoies, par le ministère des Commissaires & des Comtes.

Capit. an. 819. art. 17. Il renouvella les peines portées par Childeric, à l'encontre des faux monnoyeurs, & les condamna, *Capit. Lud. Pii, an. 819. art. 19.* par le Capitulaire de 819, à avoir le poing coupé; leurs complices à soixante sols d'amende, s'ils sont de condition libre ; & à soixante coups de bastonnade, s'ils sont Serfs, & qu'ils n'aient rien en propre.

Ces menaces, toutes foudroyantes qu'elles étoient pour les faussaires, ne suffirent pas à réprimer les désordres que l'exposition des pièces contrefaites avoient causés dans le Commerce. Il fallut, pour arrêter le mal, fabriquer des espèces nouvelles, & ordonner qu'elles auroient cours, à l'exclusion de toutes autres. [C'est ce que fit l'Empereur au mois de Mai 823. Il déclara que les différentes monnoies qui avoient eu cours jusqu'alors, tomberoient dans le décri après la saint Martin ; & qu'à compter de ce jour, on ne recevroit plus dans le Commerce, d'autres deniers que ceux qu'il venoit de faire frapper : enjoint aux Comtes de faire saisir & confisquer les pièces anciennes qui seront exposées au-delà de ce terme.] *Capit. an. 823. art. 18.*

Cette sévérité étoit devenue d'une nécessité absolue depuis que Louis le Débonnaire avoit multiplié les fabriques de monnoies dans ses États. Dès le commencement de son règne, il avoit jugé à propos de déroger au Réglement par lequel Charlemagne avoit déterminé qu'on ne pourroit en battre que dans le Louvre, ou le Palais. Il accorda aux Évêques de Langres & du Mans, la permission d'en faire fabriquer chez eux, & gratifia du même avantage les Religieux de saint Médard de Soissons. Il fit de semblables établissemens à Saint-Josse, à Duerstade, à Boulogne, dans les Ports de mer, & dans les Villes où le concours des Marchands étoit considérable. Les pièces étoient partout les mêmes, tant pour le poids que pour le loi, de quelque Ville qu'elles sortissent. L'inscription du revers en faisoit la différence. Quelquefois on y joignoit l'emblême de la Ville. Saint-Josse, par exemple, & Duerstade, avoient pour devise un Vaisseau; preuve certaine que la Ville de Paris ne fut pas toujours seule en possession de cette marque distinctive, qu'elle prit pour armes lorsque l'usage des tournois eût mis les

Baluz. Miscellan, t. 3. p. 100.

Le Blanc, p. 102. & 103.

Ibid. p. 102.

figures symboliques en honneur.

Le Capitulaire qui donne lieu à ces remarques, contient encore deux autres Réglemens. Le premier regarde les personnes chargées de l'entretien des ponts & chaussées ; ordre à eux de les réparer, & de les tenir en état pour la saint André, auquel temps les Comtes en feront la visite, & envoyeront leurs rapports à l'Empereur. Le second est adressé aux Commissaires Royaux ; enjoint à eux de faire d'exactes perquisitions dans tous les Lieux de leur Département, pour avoir connoissance de ceux qui violent les ordres de l'Empereur, au sujet du tonlieu, & qui exigent des droits qui ne leur sont point dûs. On fera des réfractaires une justice si sévère, que leur supplice retienne dans le devoir ceux qui seroient tentés de les imiter.

Cap. an. 823. art. 20.

Art. 19.

Dans le même temps que le Comte Boniface parcouroit la Mer Méditerranée pour en chasser les Armateurs qui l'infestoient, Louis le Débonnaire étoit occupé à corriger des excès d'autant plus funestes, qu'ils avoient pour auteurs ceux qui étoient préposés pour les proscrire. L'attention des Comtes à protéger le Commerce, s'étoit changée en indifférence ; & au lieu du zèle que leurs subalternes auroient dû montrer pour le bon ordre & pour la commodité du Négoce, c'étoit pour les Marchands, comme autant de petits tyrans qui autorisoient les abus. Souvent l'appas du gain & le soin de ménager un intérêt criminel, les mettant en action, les plus légers prétextes leur suffisoient pour arrêter, saisir & vendre les marchandises. Ils exigeoient des impositions qui n'étoient point dûes, & poussoient quelquefois la dureté, jusqu'à obliger les Commerçans à leur prêter leurs bateaux & leurs chariots, contre la disposition expresse de la Loi Salique.

Lex Sal. tit. 24. ex Emend. Kar. Mag.

La contagion du mauvais exemple ayant successivement gagné de Province en Province, le mal devint général. On s'en plaignit en Italie, en Provence, en Bourgogne, en Esclavonie, en Autriche, en Neustrie, en Bavière ; & les

Praeceptum Ludov. Pii de Negotiatorib. an. 828.

D. Bouq. t. 6. p. 649.

Marchands de tous ces cantons s'étant réunis, firent passer leurs plaintes à l'Empereur. Tout ce qu'ils pouvoient se promettre de plus favorable d'un Prince aussi bienfaisant, leur fut accordé. Ils en obtinrent qu'on ne pourroit désormais arrêter les voitures marchandes, sinon après que le délit prétendu auroit été constaté en présence de l'Empereur, ou pardevant les Juges qu'il délégueroit à cet effet : Défenses aux Officiers Royaux de se prévaloir de l'autorité qui leur est confiée, pour soumettre au nom de l'Empereur, les Marchands à des servitudes indûes. Les droits douteux, ou extraordinaires, demeureront supprimés, excepté ceux qu'on a coûtume de percevoir à l'Écluse, à Vicques, & à Dorostade ; c'est aujourd'hui Wicht-Duerstade près d'Utrecht, dont le Port ne subsiste plus depuis que le Rhin a changé de lit, & s'est éloigné de ses murs. Vicques, ou Quintovic en Neustrie, aujourd'hui Saint-Josse, étoit plus célèbre alors qu'il ne l'est de nos jours, par l'affluence des Commerçans,

Ibid. p. 649.

Annal. Bertin. an. 834.

Libr. de Mirac. S. Wandreg. cap. 23. Act. Ss. Ord. S. Ben. sæc. 2. p. 554. & 555.

qui venoient de toutes parts à ses marchés. Cette Ville étoit la résidence d'un Intendant particulier, qui présidoit à son Commerce, avec le titre de *Præfectus Emporii.*

Baluz. t. 1. p. 782. an. 829.

L'année suivante, Louis le Débonnaire adopta les Réglemens de Pepin, en faveur du Commerce, & déclara qu'on ne pouvoit obliger les Voituriers à passer sur les ponts, lorsque les Rivières étoient guéables : le bateau qui ne fait que passer sous un pont, sans s'arrêter, ou qui suit le cours de l'eau, sans approcher des bords, & sans rien débarquer, n'est sujet à aucun droit.

Præcepta Ludov. Pii. D. Bouq. t. 6. p. 650.

Le désir qu'avoit l'Empereur de voir fleurir de plus en plus le Commerce dans ses États, le porta à étendre ses bienfaits jusques sur les Négocians Juifs. Il fit à ce sujet trois Ordonnances datées de la même année. La première est en faveur de quelques François de cette secte, dont il rapporte les noms. Il leur permet de vendre & débiter leurs marchandises, avec la même franchise que les Marchands Chrétiens : leur accorde en outre le libre exercice de leur Religion, avec

avec la permiſſion de prendre à leurs gages, des Ouvriers Chrétiens, pour les employer dans leur Commerce. La ſeconde & la troiſième portent les mêmes choſes en ſubſtance, & regardent quelques Juifs de Lyon, & de Sarragoſſe en Eſpagne. On leur permet de faire certaines acquiſitions, avec défenſes aux Chrétiens de débaucher leurs Serfs, ſous couleur de les inſtruire dans leur Religion, & de les baptiſer. *Ibidem.*

Voici encore quelques particularités de ce règne, relatives au ſujet que je traite. Il y avoit vers ce même temps, des mines de plomb très-abondantes aux environs de Namur, & des ſalines conſidérables en Poitou, dont le ſel ſe voituroit ſur la Loire, la Marne & la Seine, pour être diſtribué dans les quartiers qui ſont entre ces Rivières. Les François recevoient dans leurs Ports les vaiſſeaux des Venitiens; & les Marchands des deux nations, quoique Chrétiens, étoient admis à commercer dans Alexandrie, ſoumiſe pour lors à un Prince Saraſin.

Annal. Ord. S. Bened. t. 6. p. 757.

D. Bouq. t. 6. p. 556.

Surius, 31. Jun. Tranſl. S. Marci, cap. 18.

Ici finit le bel âge du Commerce en France. Les troubles dont la suite du règne de Louis le Débonnaire fut agitée, les ravages des Normands & des Maures, les guerres intestines, la tyrannie des Grands, semblèrent conspirer à sa ruine entière. Les Maures furent les premiers à se signaler dans ce genre de persécution, vers la partie Méridionale de la France. En 838, les Grecs, pour surcroît de malheur, surprennent Marseille, qu'ils saccagent ; emmènent un grand nombre de citoyens, qu'ils jettent dans les chaînes ; enlèvent ou dissipent les richesses que le Commerce y avoit amassées, & pillent les marchandises précieuses qui s'y trouvent.

Annal. Bertin. an. 838.

Deux ans après, Louis le Débonnaire mourut, & Charles le Chauve lui succéda. A la vûe des désordres qui déchiroient la France, les Normands reprirent cœur. L'an 842, ils parurent avec une flotte formidable à l'embouchure de la Seine, d'où ils avoient été chassés quelques années auparavant. Poussés par la marée, ils oserent

An. Bertin. ad an. 842.

monter jusqu'à Rouen ; surprirent la Ville, qu'ils pillèrent avec le Pays d'alentour. De là ils s'avancèrent jusqu'à Saint-Josse, où ils arrivèrent pendant qu'on y tenoit un marché considérable. Au bruit de leur approche, les Marchands prirent la fuite, abandonnant leurs effets, qui furent aussitôt pillés ou brûlés. Contens des prises immenses qu'ils y firent, ces brigands ne passèrent pas outre. Ils s'en retournèrent, sans être poursuivis ; mais pour revenir bientôt, avec encore plus de rage & de furie, faire un nouveau dégât.

Ces peuples, Payens de Religion, féroces & barbares entre les plus barbares, étoient depuis long-temps odieux aux François, par leurs pirateries & leurs brigandages. Dès le règne de Thierry I. Roi de Metz, ils avoient signalé leur audace, en faisant descente sur ses Terres, comme en Pays ennemi, pour y faire du butin. J'ai raconté comment ils furent menés par Théodebert fils de Thierry, qui les battit par mer & par terre. Ce traitement ne leur ôta pas l'envie de revenir plusieurs fois à la charge longtemps après.

L'issue malheureuse des tentatives vigoureuses, mais inutiles, qu'ils firent sous Charlemagne & Louis le Débonnaire, ne les rebuta pas non plus. Elle rasuma plûtôt en eux la soif de l'or & des richesses ; le délai l'enflamma & la changea en rage. L'état de la France ébranlée par la désunion des Princes François, le partage de ses forces, la foiblesse de son gouvernement, les affaires que Charles le Chauve eut sur les bras aussitôt après la mort de Louis le Débonnaire, furent pour les Danois autant d'heureux présages, qui semblèrent les faire toucher au terme de leurs espérances, & faciliter l'exécution de leurs projets furieux.

Mon dessein n'est pas de donner ici le journal des expéditions par lesquelles ils troublèrent le Commerce : on le peut voir ailleurs. Il suffira de dire historiquement, que pendant ce règne & les suivans, ils se livrèrent successivement aux cruautés les plus inouies.

Duchesn. t. 2. p. 655. 400. 524.

Ravager la campagne, brûler

les Villages & les Bourgades, massacrer impitoyablement les habitans, ou les entraîner dans l'esclavage, étoient les moindres effets de leurs fureurs. Ils sembloient avoir pris le genre humain, & la Divinité même, à partie. Point d'infâmies & de profanations qu'ils ne commissent dans les Églises, après les avoir dépouillées de leurs ornemens. Malheur aux demeures qui avoient l'apparence d'un Comptoir, ou d'un lieu de Commerce. Ils y entroient le feu dans les yeux, & le fer en main, comme des bêtes farouches pressées de la faim, qui se jettent avidement sur une proie. La condition de ceux qui mouroient par le fer de ces Barbares, n'étoit pas le plus à plaindre. Leurs seconds accès étoient toujours plus à redouter que les premiers, à cause du cruel usage où ils étoient de faire souffrir des tortures horribles à ceux qu'ils soupçonnoient d'avoir chez eux quelques richesses.

Act. Ss. Ord. S. Ben. sec. 1°, p. 602. 603.

Duchesn. ibid.

Vit. S. Modoald. Boll. Mart. t. 3. pag. 59.

Ceux qui avoient le bonheur de leur échaper par la fuite, payoient bien chérement cet avantage après leur retour, par la vûe d'une infinité d'objets plus hideux les uns que les autres. Ils étoient souvent moins effrayés de trouver des cadavres tronqués, que d'appercevoir leurs amis & leurs proches, ou empalés, ou cloués à des pieux, ou suspendus à des arbres par quelque membre, ou expirans par la rigueur des tourmens, pour n'avoir pas découvert des richesses qui n'existoient que dans l'opinion de ces Barbares, tant étoit grande l'idée qu'ils avoient de l'opulence des François. Ils croyoient qu'il y avoit un trésor dans chaque maison.

Hist. Transl. S. Germ. per Aimoin. lib. I. n° 1.

Après que par de fréquentes irruptions, ils eurent entiérement désolé les campagnes, ils marchérent droit aux Villes fortifiées pour en faire le siége. On frémit à leur approche, & la consternation s'empara de tous les esprits. On voyoit bien qu'il ne seroit pas possible de tenir longtemps contre une armée formidable de gens opiniâtres & déterminés, fiers de leurs succès, & dont le nombre égaloit celui des sauterelles qui viennent par nuées couvrir la surface de la terre. On

Vit. S. Bertulphi, 5. Febr. Sur. n° 21.

prit néanmoins le parti de se défendre ; mais pour céder à la fin. Heureux alors qui put s'échaper, à la faveur des ténèbres, après avoir enfoui ou caché dans de profonds souterrains ses effets les plus précieux ! Tout ce qui ne déserte pas devient la proie du Barbare, qui n'épargne ni l'âge, ni le sexe. La vûe de l'or & de l'argent, loin de l'appaiser, ne fait que l'irriter : il faut y joindre le sacrifice de la liberté, ou de la vie. Ce qui ne passe point par le fil de l'épée, est entraîné en esclavage, & chargé de chaînes.

Et afin que les Villes devenues des solitudes, en eussent aussi l'apparence, ils les brûlent & les démolissent. Amiens, Beauvais, Soissons, Nantes, Bourdeaux, Orléans, Tours & Angers, Cités riches & florissantes par leur Commerce, subissent en peu de temps un sort pareil, & ne sont plus distinguées des Hameaux sans défense, que par des monceaux de cendres, & de débris en plus grand nombre.

Libro de Miraculis S. Bened. Duchesn. t. 3. p. 446.

Cette peinture n'est pas le fruit

d'une imagination frappée, qui fait effort pour se rappeller des maux que l'espace de huit siècles a presque fait oublier. Elle n'est qu'un abrégé succinct de ce qu'Aimoin, Adrevalde, & plusieurs Écrivains contemporains, & témoins oculaires, rapportent à ce sujet.

Ce qu'ils racontent du sac de Paris en 846, mérite d'être ici transcrit, parce qu'ils y donnent une grande idée de l'état d'opulence où étoit cette Ville avant qu'elle subît ce desastre.

Aimonius Monach. S. Germ. l. 1. de Translat. S. German. n° 1.

Adrevald. de Mirac. S. Bened. Duchesn. t. 3. p. 446.

Le jour du Samedi Saint, les Normands se présentèrent devant ses murs pour la surprendre, dans la persuasion que les habitans, occupés des approches de la Fête de Pâques, ne seroient pas sur leurs gardes; mais ils furent bien étonnés de la trouver déserte & abandonnée. Les Parisiens, instruits de leur dessein, les avoient prévenus quelques jours auparavant, par une retraite précipitée, qui réunit dans ses suites tout ce qu'on trouve raconté de plus lamentable dans les leçons de Jérémie, qu'on lit publiquement dans les Églises pendant cette

cette semaine. Outrés de dépit d'avoir manqué leur coup, les uns se rembarquent sur leurs vaisseaux pour poursuivre à force de rames les Marchands qui remontoient la Seine (a) en fuyant, tandis que le reste de l'armée se livre à tous les excès qu'on peut commettre dans une Ville abandonnée. Ce que les flammes ne consument pas assez vîte à leur gré, ils le renversent avec des machines ; & cette (b) Ville, selon la remarque d'Adrevald, (c) Capitale d'un puissant Empire, la maîtresse des nations, le rendez-vous de tous les peuples, le trésor des Rois par son trafic & par la fertilité de son territoire, ne fut bientôt plus qu'un vrai dé- *Lib. 2. cap. 14.*

(a) Negotiatores per Sequanam navigio sursum fugientes insequuntur & capiunt. *Adrev.*

(b) Desolata & adusta civitas plena divitiis, dissipata, demolita, faciem in dolorem adducens sedet in tristitiâ domina gentium ; nullus est qui consoletur eam.... Nisi tu Deus noster.... *Aimoin. ibid.*

(c) Quid Lutetia Parisiorum nobile caput, resplendens quondam gloria opibus, fertilitate soli.... Quam non immerito regum divitias, emporium dixero populorum ? Num magis ambustos cineres.... *Adrevald.*

N

fert rempli de décombres, de cendres & de ruines.

Pendant ces entrefaites, les Sarasins & les Maures, animés du même esprit que les Normands, exercent des brigandages tout pareils en Espagne, & dans la partie Méridionale de la France. Tant de dégâts accumulés, causérent enfin plusieurs famines, pendant lesquelles on fut obligé de vivre d'herbes & de racines en plusieurs endroits.

Ann. Bert. an. 843.

Toutes ces calamités n'arrivèrent pas de suite. Ces fâcheux incidens furent séparés par des intervalles plus tranquilles, pendant lesquels le Commerce reparut.

Bolland. 6. Julii.

Vandelbert, Moine de Prume, qui écrivoit en 850, rapporte à ce sujet plusieurs traits curieux dans la Vie de saint Goar le Patron des Mariniers du Rhin, & dont ils ne manquoient jamais d'implorer l'assistance toutes les fois qu'ils avoient à passer par des tournans dangereux, & dans des lieux où la rapidité du Fleuve rendoit la navigation périlleuse. Il nous apprend que les Frisons en faisoient le Commerce principal, avec leur ardeur

Vit. S. Goaris, lib. 2. cap. 8. Surius, 6. Jul. Cap. 13.

Cap. 15

& leur activité accoûtumée ; qu'ils employoient leurs Serfs à manœuvrer, & même à tirer leurs bateaux. Ils charioient sur ce Fleuve des marchandises de toutes espèces, des vins d'Alsace & de Bourgogne, qu'ils conduisoient à Cologne, des soieries, des étoffes de prix, de la poterie, & de la vaisselle de terre, qu'ils alloient débiter dans l'intérieur de l'Allemagne.

Ibid.

Cap. 14.

Cap. 8.

En ce temps, l'Empereur Louis fils de Lothaire, fit un acte de vigueur en faveur des François, & de ceux qui navigeoient sous sa protection, dans la Mer Adriatique, dans celle de Toscane, & sur les Côtes de Bary au Royaume de Naples. C'étoit pour les venger de ce qu'ils avoient été mal accueillis dans ces parages par l'escadre du Patrice Nicetas, Officier de l'Empereur Basile, soit que ce Commandant agît par l'ordre de son Maître, ou bien qu'il voulût par là faire sa cour aux Venitiens, qui n'aimoient pas la concurrence des Marchands François. (*a*) Louis

Ep. Apolog. Lud. 2. Imp. ad Bas. Imp. or. Duchesn. t. 3. p. 559.

(*a*) Eginhard, cap. 16, rapporte le pro-

voulant joindre les remontrances aux voies de fait, justifia sa conduite par une lettre qu'il écrivit en forme d'apologie, à l'Empereur de Constantinople.

Charles le Chauve, malgré la multiplicité de ses embarras, ne laissa pas de faire quelques efforts de temps en temps pour relever ses Sujets de leurs pertes, & pour ramener parmi eux l'abondance. Il corrigea & prévint les suites de plusieurs abus qui s'étoient glissés à la faveur des troubles, & ordonna que les Constitutions de Charlemagne & de Louis le Débonnaire, seroient désormais exécutées dans toute leur étendue.

Capit. Car. Calv. tit. 4. art. 7.

Voici quelques autres Réglemens, dont les circonstances rendoient la pratique nécessaire.

Baluz. t. 2. p. 27. tit. 6. Capit.

En 844, il déclara que tous ceux qui passeroient d'Espagne en France pour se soustraire à la poursuite des Maures, pourroient y défricher les terres incultes, bâtir des demeu-

verbe grec : τὸν φράγκον φίλον ἔχῃς, γείτονα, οὐκ ἔχῃς· *Ayez le François pour ami, & non pas pour voisin.*

res, & jouir en paix du fruit de leurs travaux. En 853, il prit avec les Évêques & les Comtes, des mesures efficaces pour réparer le tort que les Normands avoient fait dans plusieurs Provinces de la France; voulut que ceux que la crainte des Danois obligeroit à quitter leur résidence ordinaire, pour passer dans des Lieux plus sûrs, y fussent reçûs avec humanité; que ceux d'entr'eux qui voudroient se louer en qualité d'ouvriers & de mercénaires, le pourroient faire, sans que les personnes pour qui ils travailleroient, pussent au bout d'un temps, s'autoriser de leurs services pour les révendiquer comme esclaves. *Cap. tit. 11. cap. 1.*

En 854, il dressa plusieurs articles importans, de l'avis des Seigneurs assemblés par son ordre à Attigny. 1° Il y exhorte les Officiers chargés de veiller à la sureté des chemins, de redoubler leur zéle & leurs soins pour parvenir à détruire entiérement les voleurs & les brigands, que le malheur des temps avoit beaucoup augmenté. 2° On aura soin, dit-il dans un autre ar- *Cap. Car. Calv. tit. 15.* *Art. 7.* *Art. 2.*

ticle, que les flottes placées le long des Côtes, pour s'oppoſer aux deſcentes, ſoient fournies de tous les agrès néceſſaires, & que les Gardes-Côtes faſſent exactement le ſervice.

Art. 3. 3°. On ôtera des Riviéres tout ce qui peut nuire à la navigation, & ſurtout les machines de toutes eſpèces qu'on y a placées à fleur d'eau, pour empêcher les flottes ennemies de remonter par leur em-

Art. 9. bouchure. 4°. On ſuivra au ſujet du tonlieu & des monnoies, les règles préſcrites par Charlemagne & Louis le Débonnaire.

Hérard Archevêque de Tours, & le célèbre Paſcaſe Radbert, vivoient pendant ces temps malheureux, & étoient témoins des déſordres qui rendoient ces Réglemens néceſſaires. Le premier uſa de tout ſon crédit, & de l'autorité qu'il avoit par ſa dignité, pour rétablir l'ordre & la police dans ſa Ville Épiſcopale. On a de lui un Capitulaire, dans lequel il proſcrit l'uſure, & recommande aux Marchands d'obſerver une ſcrupuleuſe égalité dans leurs poids & leurs meſures.

Capit. Herard. Arch. Tur. Baluz. t. 1. p. 1287.

Pascase, à qui son état ne permettoit rien de semblable, se contenta de gémir dans sa retraite sur les déréglemens de ses contemporains. Il leur reproche dans ses écrits de porter la fraude & la mauvaise foi à son comble, & d'exciter le couroux du Ciel par leurs prévarications dans le Commerce, & par des pratiques contraires à la droiture & à l'équité.

Pascas. Radb. Bibl. pp. t. 14. p. 817. ed. Lugdun.

Ce langage est assez celui que tient Charles le Chauve dans ses Capitulaires. L'Édit qu'il donna à Pistes en 864, renferme plusieurs détails intéressans, que je n'ai pas crû devoir omettre.

Il porte en substance, au sujet des monnoies, 1° Que les deniers en tous métaux, qui peseront le poids déterminé par les Capitulaires des Rois ses prédécesseurs, vaudront & seront reçûs dans le Commerce jusqu'à la S. Martin. 2° Que depuis le jour de S. Martin, & en avant, toutes les monnoies qui auront eu cours, tomberont dans le décri, pour faire place à des espèces d'une nouvelle fabrique. Sur ces deniers nouvellement frappés, le nom

Edictum Pistense c. tit. 36. art. 8.

Art. 11.

du Roi sera d'un côté dans la légende, & au milieu, le monogramme de son nom ; de l'autre côté, le nom de la Ville où ils seront fabriqués, & au milieu, une

Art. 12. croix : Défenses de battre monnoie ailleurs que dans le Palais, à Vicques, ou Saint-Josse, à Rouen, à Sens, à Reims, à Paris, à Orléans, à Médoc (*a*), à Narbon-

Art. 23. ne.......... Que dorénavant il ne soit fait aucun alliage d'or ni d'argent dans le Royaume, & que personne, à compter du jour de saint Remy, ne soit si hardi d'exposer en vente aucune espèce, ni ouvrage d'or, s'il n'est fin..... L'Orfèvre, & celui qui contreviendra, perdra le poing, comme faux monnoyeur.

Art. XX. Les Comtes & les Officiers de Police tiendront la main à ce que le muid & le sétier soient

(*a*) Il y a dans le texte *Metullo*, apparemment pour *Medullo*. J'ai mieux aimé traduire ce mot par *Médoc*, que par *Melle*, comme ont fait le Père Sirmond & M. Leblanc ; parce que cette petite Province a toujours été depuis Ausone, célèbre par son Commerce.

tels que nos prédéceſſeurs l'ont ordonné. On ſuivra partout les meſures qui ſont d'uſage dans notre Palais. Les réfractaires à nos ordres payeront ſoixante ſols, & leurs marchandiſes ſeront confiſquées.

XXV. Défenſes ſont faites à tout Négociant de vendre des armes aux étrangers, ni de rien livrer aux Normands, & aux autres ennemis de la France, de tout ce qui peut ſervir à attaquer ou à ſe défendre. Cet article eſt expliqué par un paſſage des Annales de ſaint Bertin, où il eſt dit que Charles ſe faiſoit toujours ſuivre dans ſes expéditions, par des Marchands d'armes ; & c'eſt probablement à eux que ces défenſes ſont adreſſées.

Annal. Bertin. ad an. 876.

XXXIV. Celui qui, dans une néceſſité extrême, ſe ſera vendu, ou quelques-uns de ſes enfans, en qualité de Serf, pourra ſe racheter lorſqu'il en aura le moyen, en rembourſant au Maître le prix principal, & un ſixième en ſus. Défenſes aux propriétaires de ces Serfs de les revendre, & d'en commercer avec les Marchands d'outremer. Voilà ce que j'ai crû devoir rapporter de cette pièce importante, qui mériteroit d'être ici transcrite en entier, si elle n'étoit pas si longue.

Charles le Chauve ne fit dans la suite aucune Ordonnance importante par rapport au Commerce. Il se contenta de réprimer de temps en temps, par le ministère de ses Officiers, le relâchement qui s'introduisoit dans la pratique de ses Ordonnances.

En 876, il alla à Rome recevoir des mains du Pape, la Couronne Impériale, qui lui étoit dévolue par la mort de l'Empereur Louis fils de Lothaire.

Cette époque ne seroit pas moins mémorable, ni moins intéressante pour le Commerce, que celle de 629, si ce que disent la plûpart des Auteurs modernes touchant l'origine de la fameuse Foire du *Landit*, étoit véritable. Fondés sur l'autorité de Guillaume de Nangis, ils racontent que Charles le Chauve, à son retour de Rome, établit à Saint-Denis cette Foire célèbre; que pour rendre plus grand le concours des Marchands, & y attirer

Duboul. Hist. Univ. Paris. t. 1. ad an. 876.

des acheteurs de toute part, il y fit transférer d'Aix-la-Chapelle, les Reliques apportées de Rome par Charlemagne ; qu'il y joignit celles qu'il avoit lui-même reçûes du Pape, & qu'il ordonna qu'elles fussent exposées à la vénération des fidèles pendant tout le temps que dureroit cette Foire. Ils ajoûtent encore bien des choses que les bornes préscrites à ce Mémoire ne permettent pas d'exposer. On peut les lire dans Duboulay, & juger par soi-même de la solidité des preuves qu'il emploie pour faire remonter jusqu'au règne de Charles le Chauve, un établissement qui n'eut lieu que sous les Rois de la troisième Race. Comme l'éclaircissement de ce point devient par là étranger au sujet que je traite, je me contenterai de produire, en faveur de ma négative, le raisonnement suivant.

Si cette Foire avoit été établie en 876, comme le prétend Duboulay, ç'auroit été, ou par une permission tacite, ou par un ordre verbal, ou bien en vertu d'un Diplôme, de Lettres Patentes, ou d'un Écrit quelconque, émané de l'autorité du Prince qui occupoit alors le Trône des François. On ne peut dire que ç'ait été par un ordre verbal, ou permission tacite, puisque par l'Édit de 864, donné à Pistes, Charles le Chauve défend d'en établir désormais de semblables ; ordonnant même la suppression de toutes celles qui ne seroient pas instituées en vertu d'un Écrit en bonne forme, & revêtu des formalités ordinaires. Donc il reste à dire que si la Foire du *Landit* a été fondée sous Charles le Chauve, ç'a dû être en conséquence de quelque permission par écrit. Or Doublet, & ceux qui après lui ont travaillé à l'histoire du Monastère de saint Denis, avouent qu'ils n'ont trouvé parmi les Titres de cette Abbaye, aucune pièce qui fasse remonter aussi haut l'origine de cette Foire, & que le passage obscur de Guillaume de Nangis est le seul dont on puisse étayer le systême moderne. Ainsi en déférant aux seules autorités dont on soit en droit de se prévaloir, on doit placer dans des temps bien postérieurs

Edict. Pist. an. 864. art. 19.

à Charles le Chauve l'institution de cette Foire.

Charles le Chauve ne garda pas longtemps la qualité éminente qu'il avoit été recevoir à Rome ; il la perdit presque aussitôt avec la vie. Il mourut empoisonné par le Juif Sédécias son Médecin, qui avoit toute sa confiance.

Ce parricide ne manqua pas de réveiller l'ancienne aversion des François pour ceux de sa secte : il suscita à ses semblables diverses persécutions, qui rendirent leur condition beaucoup plus dure, surtout au Midi de la France, où ils trafiquoient commodement, & où par cette raison leur concours étoit plus grand qu'ailleurs. L'exemple que je vais rapporter fera voir en quelle odeur ils étoient parmi les François.

Ceux qui résidoient à Toulouse étoient obligés de députer trois fois l'an ; sçavoir, le jour de Noël, de la Passion & de l'Ascension, un de leurs Chefs, pour essuyer l'avanie suivante. Après s'être rendu devant la principale porte d'une Église que l'Évêque lui indiquoit,

Ex Vit. S. Theodard Narbon. Ep. l. 5. Histor. Occit. Duchesn. t. 3. p. 430.

il devoit y offrir en hommage trois livres de cire, & recevoir un soufflet de la main *d'un homme vigoureux.* Cette exécution étoit depuis quelque temps le signal de plusieurs excès, ausquels le peuple ne manquoit pas de s'abandonner. On couroit sus à la plûpart des Juifs, & on les chargeoit de coups.

Ceux-ci excédés, & ne pouvant plus tenir contre des traitemens aussi durs, offrirent au Roi Carloman, sous l'obéissance de qui ils étoient, une somme considérable pour obtenir la suppression d'un tel usage. Le Roi les renvoya au Duc Richard, qui commandoit à Toulouse & dans la Province; & celui-ci remit l'affaire à l'arbitrage de saint Théodard Évêque de Narbonne, qui étoit pour lors à Toulouse : le saint Prélat, après l'avoir sérieusement examinée, trouva que les Juifs de Toulouse étoient condamnés à subir l'amende honorable par deux Ordonnances; l'une de Charlemagne, & l'autre de Louis le Débonnaire, en punition de ce que leurs pères avoient, à la faveur de leur Négoce, entretenu des intelligences illicites avec Abdéramne Roi des Sarasins, auquel ils avoient facilité l'irruption qu'il fit en France du temps de Charlemagne. Cependant S. Théodard inclina pour un parti plus modéré, & commua leur peine en des formalités moins dures, & le Duc Richard souscrivit à sa décision.

Je n'ai pas besoin d'inférer de ce passage, qu'il y avoit à Toulouse un grand nombre de Négocians, ce récit le suppose. La proximité de la Méditerranée les mettoit à portée d'être présens au débarquement des marchandises qu'ils faisoient venir d'outre-mer, ou des Échelles du Levant. Ceux qui n'étoient pas assez riches pour avoir des escadres à leurs ordres, avoient la facilité d'acheter les marchandises à meilleur compte, & de les recevoir de la première main, pour les revendre ensuite, ou les envoyer débiter par leurs Facteurs, dans l'intérieur de la France.

Le Rescrit par lequel Louis le Bègue termine le Capitulaire donné à Troyes en 877, nous apprend que la Loi des Goths, dont j'ai

Capitul. Ludov. 2. Balb. Baluz t. 2. p. 277.

parlé, étoit encore en vigueur à Narbonne & dans les autres Villes qui composoient l'ancienne Ostrogothie, & qu'on y suivoit le Droit de Justinien, dans les cas où cette Loi, ni la Salique, ni les Empereurs dans leurs Capitulaires, ne décident rien. Ce Prince mit tous ses soins à faire observer les Réglemens qui avoient été faits depuis Pepin jusqu'à Charles le Chauve, au sujet du Commerce. Il n'interrompit ni le cours, ni la valeur des monnoies, les laissant dans l'état où Charles le Chauve les avoit rétablies. Ses deux successeurs, Louis & Carloman, en usérent aussi de même. Il nous reste des monnoies de leur temps, marquées du monogramme de Charles le Chauve.

Annal. Fuldens. an. 882.

Le Blanc, p. 141.

L'histoire des régnes suivans ne présente à l'esprit que de tristes images & des événemens affreux à lire. Outre les partis de Normands, de Hongrois, de Sarasins & de Maures, qui venoient de temps en temps inonder la France, les factions particulières des Seigneurs n'étoient pas moins funestes au Commerce. La conduite des Comtes de

Vermandois & de Champagne envers leurs Souverains, portoit aussi les moindres Seigneurs à affecter l'indépendance. Les routes étoient bordées de *Châtelets*, de *Hayes* & de *Fertés*, devant lesquels les Marchands, avec leurs voitures, ne passoient pas impunément. C'étoit pour eux comme autant de Douanes, où ils avoient à se libérer de quelques redevances, sans quoi ils couroient risque d'être pillés.

Post script. Edict. Pist. an. 864. cap. 1.

Le désordre & la confusion n'étoient pas tellement répandus, qu'ils enveloppassent tous les lieux de Commerce. Plusieurs Villes servoient de résidence à des Seigneurs mieux intentionnés, qui, au lieu de prendre part aux querelles de leurs voisins, s'appliquoient à faire fructifier l'industrie de leurs vassaux. Tel étoit Erkengaire Comte de Boulogne, qui vivoit sous Charles le Simple. (*a*) Sa Ville, outre la

Vit. S. Berthulp. c. 21. & 22. sur. 5. Febr. an. 914.

(*a*) Carolo Simplice captivo detento ab Heriberto Virom. Duce, Erkengarius erat Bononiæ Comes... Erat quippe Bononice sui juris, munita tunc temporis civitas, Morinorum propinqua, mercibusque marinis præcipua....

fureté de fon Port & de fes Rades, étoit hors d'infulte du côté de la terre, par de bonnes fortifications. Elle étoit par rapport aux Morins, & aux autres peuples fitués le long des Côtes de la Manche, ce qu'étoient Marfeille, Arles & Toulon en Provence. L'Auteur de la Vie de faint Bertulphe en parle comme d'une Ville féconde en richeffes, où les Négocians abordoient de toute part.

Gall. Chrift San-Mart. Archiep. fol 45.

Je pourrois faire ici mention de plufieurs Chartes rapportées dans Baluze & dans la Diplômatique du Père Mabillon, qui tranfmettent à plufieurs Couvens & Communautés, le droit de travers & de péages établis fur l'Oife, la Somme, la Seine, la Loire, la Dordogne, &c. On en trouve auffi qui permettent de battre monnoie dans certains Couvens, furtout depuis Charles le Simple : mais il vaut mieux les paffer fous filence pour abréger. C'étoit des genres de libéralités avantageufes pour des gens de Main-morte, qui coûtoient peu aux Souverains, mais qui nuifoient beaucoup au Commerce, parce que ces sortes d'aliénations ôtoient aux Commerçans l'espérance d'en obtenir un jour la suppression.

Cependant les Normands s'ennuient de mener une vie errante & vagabonde, & veulent se fixer. Ils sentent bien que si jamais les Seigneurs François viennent à se réunir sous les ordres d'un Chef, ils seront bientôt obligés de céder, & de regagner précipitamment leurs Pays, où leur arrivée ne pouvoit manquer d'occasionner la disette & la famine. Le même fleau les ménaçoit en France. Les campagnes désertes, ou désolées, ne produisoient plus rien. La misère affreuse qui régnoit partout, leur ôtoit toute espérance de butin. Ces considérations les rappellèrent, malgré eux, à des sentimens plus humains, & leur firent naître le dessein de s'établir dans quelque canton de la France.

En 882, Godefroy II leur Roi, fit des propositions, ausquelles on se hâta de souscrire. Il demanda que la Frise lui fût cédée en toute propriété, pour s'y retirer avec les *Annal. Metens. ad an. 882.*

siens, & qu'on lui permît d'épouser Giselle fille naturelle de Lothaire & de Waldrade. Ces articles lui furent à peine accordés, qu'il chercha divers prétextes pour éluder la promesse qu'il avoit faite de mettre fin aux ravages. Ils ne se ralentirent qu'après la fin du neuvième siècle, lorsque Rollon, après avoir conquis la Neustrie, s'y établit avec les siens, en vertu de la cession que les François lui en firent.

Surius. t. 3. part. 2. p. 283.

Rollon se voyant maître d'une si belle Province, usa des précautions ordinaires pour s'en assurer la possession. Ensuite il tourna ses soins vers l'intérieur de son petit État, & tâcha d'affermir sa domination sur des principes, & des règles de conduite bien différentes de celles que ses prédécesseurs avoient suivies. Il observa religieusement la foi des traités, & fit cesser le pillage & le dégât aussitôt qu'il fût confirmé dans la jouissance de sa conquête. D'abord il s'appliqua à régler ses Sujets par des Loix sages & sévères, qui, sans aliéner les esprits, les retinssent néanmoins dans les bornes de la justice & de la modération. Il n'usa plus de ses armes, que pour se tenir sur la défensive, ou pour faire la guerre contre le vice, la violence, l'homicide & le parjure. Le Christianisme, qu'il embrassa depuis avec la plus grande partie de ses Sujets, acheva d'en faire un Législateur parfait; & ses peuples, à son exemple, s'exercèrent dans la pratique la plus exacte des vertus chrétiennes. L'Historien Glaber fait un éloge complet de leur bonne foi dans le Négoce, lorsqu'il assure que c'étoit parmi eux une espèce de crime de vendre une chose tant soit peu au-delà de son prix.

Glaber Radulphus, l. 1. cap. 4. de Paganorum plagis.

Les Marchands François, dont ils étoient depuis longtemps la terreur & l'effroi, profitèrent de ce relâche pour radouber leurs vaisseaux, & pour se remettre de leurs pertes. Bientôt le Commerce par eau recouvra son ancien lustre, & reparut avec un nouvel éclat.

La sureté une fois rétablie, l'ardeur des Commerçans se réveilla. L'on vit, à la faveur de ce calme, de nouvelles sociétés se former, à l'imitation de ces anciens Corps de Nautes, qui avoient fait passer la science du Trafic des Romains aux François.

Nouvelle révolution qui ranima le Commerce, & enhardit les Marchands François à secouer enfin entiérement le joug de la pauvreté.

Reficit rates quassas (Mercator) *indocilis pauperiem pati.*
Hor. Od. lib. 1. Od. 1.

FIN.

L'Académie a cédé son Privilège à la Veuve GODART.

Le Privilège se trouvera dans le premier volume du Recueil de l'Académie.

www.ingramcontent.com/pod-product-compliance
Ingram Content Group UK Ltd.
Pitfield, Milton Keynes, MK11 3LW, UK
UKHW022025170726
13837UKWH00001B/400